위대한 일을
바라며

위대한 일을 바라며

발행일	2022년 5월 4일

지은이	김경문		
펴낸이	손형국		
펴낸곳	(주)북랩		
편집인	선일영	편집	정두철, 배진용, 김현아, 박준, 장하영
디자인	이현수, 김민하, 안유경	제작	박기성, 황동현, 구성우, 권태련
마케팅	김회란, 박진관		
출판등록	2004. 12. 1(제2012-000051호)		
주소	서울특별시 금천구 가산디지털 1로 168, 우림라이온스밸리 B동 B113~114호, C동 B101호		
홈페이지	www.book.co.kr		
전화번호	(02)2026-5777	팩스	(02)2026-5747

ISBN	979-11-6836-281-9 03230 (종이책)	979-11-6836-282-6 05230 (전자책)

(주)북랩 성공출판의 파트너

북랩 홈페이지와 패밀리 사이트에서 다양한 출판 솔루션을 만나 보세요!

홈페이지 book.co.kr • **블로그** blog.naver.com/essaybook • **출판문의** book@book.co.kr

작가 연락처 문의 ▶ ask.book.co.kr

작가 연락처는 개인정보이므로 북랩에서 알려드릴 수 없습니다.

설교집

위대한 일을
바라며

김경문 지음

북랩

추천의 글

김경문 목사님은 20세기의 세계적인 영적 지도자이셨던 영산 조용기 목사님의 제자로서 조 목사님께서 천국 가시기 직전까지 늘 가까이에서 오랫동안 섬겨오셨습니다. 일선 목회 이전부터 조 목사님의 비전을 공유하시면서 조 목사님이 세우신 여의도순복음교회는 물론 신앙계, 국민일보, 한세대, 순복음선교회, 영산수련원 등 사회적 경영의 지혜가 필요한 기관에서도 탁월한 성과를 이루셨습니다.

이 경험은 목회에도 잘 접목되어 순복음중동교회가 독립된 이후 여러 가지 어려운 난관을 극복하고, 오늘의 안정과 발전을 이루게 된 힘이 되었습니다. 이것은 균형 잡힌 영성과 지성과 인성을 겸비함으로써 얻어진 좋은 열매라고 말할 수 있습니다. 그 모든 것이 하나님께서 김 목사님에게 주신 은사요, 은혜라 생각됩니다.

신속하게 날아가는 세월 속에 김경문 목사님의 성역도 벌써 40년을 맞이하였다니, 옛날 이스라엘 민족의 영도자 모세가 생각납니다. 모세가 출애굽사역 40년 되던 해에 신명기를 써서 남긴 것처럼, 김경문 목사님도 성역 40년에 기념 설교집을 출간하셨으니 진심으로 축하합니다.

본래 설교란 '선포하는 말씀'으로서, 글로 옮긴다는 것이 쉽지 않을 뿐 아니라 '들을 때의 감동'이 감소될 수도 있지만, 기록된 말씀의 효과도 성령의 감동과 함께 하나님의 능력의 통로가 된다고 성경 역사가 증명해주고 있습니다. 김경문 목사님은 일찍부터 글을 쓰시는 지혜로 언론계에서도 두각을 드러내셨기에 40년 성역 속에서 받은 영감과 선포해오신 말씀들을 설교집에 잘 담아두셨습니다. 심은 대로 거둔다는 법칙이 있듯, 김 목사님은 스승 조용기 목사님을 가까이에서 40여 년 세월 섬겨오시는 동안 조 목사님의 신앙과 신학, 그리고 목회사역의 지혜까지 마음밭에 심어오셨습니다.

그러므로 이 설교집을 읽으시는 분들마다 조용기 목사님의 오중복음과 전인구원, 4차원의 영성에 대한 원천수를 마시게 될 것이라 믿으면서 기쁨으로 모든 분들께 추천합니다.

2022. 5. 4.

영산목회자선교회 회장, 순복음강북교회 당회장

전호윤 목사

추천의 글

김경문 목사님의 성역 40주년을 마음 깊이 축하합니다.

목사님은 누구보다도 훌륭한 영성과 인격을 바탕으로 성령님의 인도를 따라서 말씀을 증거하시기 때문에 성도들의 마음을 끌어당기는 힘이 있어 오늘의 순복음중동교회가 있게 되었습니다.

초대교회가 성령의 인도하심으로 성장한 것처럼, 코로나로 지금 교회들마다 여러모로 위축을 받고 있음에도 불구하고 여전히 성령의 역사가 있는 교회들은 성장합니다. 바로 순복음중동교회가 그런 교회이고, 거기에는 김 목사님의 성령충만한 목회와 탁월한 영적 리더십이 있기 때문이라고 생각합니다.

특별히 세계적인 거장 목회자이신 조용기 목사님의 수제자로서 김 목사님은 지금도 세계적인 목회자이시지만, 앞으로 순복음중동교회를 통해서 수많은 영혼을 살리며 대한민국을 살리며 세계를 살리는, 스승 못지않은 영적 지도자가 되실 것을 믿어 의심치 않습니다. 이번에 성역 40주년을 맞이하여 훌륭한 설교집을 발간하시는데, 이 책 내용을 보니 목회자나 성도들 또한 일반인들까지도 바른 신앙생활을 위해, 또 전도를 위해 꼭 필요한 필독서라는 생각이 듭니다. 이 책을 읽는 모든 분들의 영혼이 살아나고 낙심자가 새 힘을 얻고 개인, 가정, 사업의 문제들이 해결되기를 기대합니다.

김 목사님이 이끄는 순복음중동교회는 부천시기독교총연합회에서 중심적인 역할을 하고 있는 것과 동시에 한국 교회 각 연합단체에서 큰일에 앞장서는 교회이며, 아울러 세계선교에 앞장서는 교회입니다. 이러한 순복음중동교회가 앞으로도 김경문 목사님의 성공적인 목회 리더십을 통해서 더욱 성장하기를 바라고, 타 교회에 모범이 되기를 바랍니다.

아울러 바라건대 성역 40년으로 만족하지 말고, 앞으로도 더욱 크게 쓰임받는 이 시대 희망의 등불이요, 사랑의 배달부요, 복음의 전령사로서 열과 성을 다하게 되시기를 기대하면서, 이 설교집을 적극 추천합니다.

2022. 5. 4.
경기도 종교지도자 협의회 대표회장
대한예수교장로회 원미동교회 원로목사
김영진 목사

성역 40년 기념설교집을 내며

성역 40년, 뒤돌아보니 아브라함이 하나님의 부르심을 받고 갈 바를 알지 못하고 오직 믿음으로 미지의 땅으로 나간 것처럼, 필자 또한 20대 후반 하나님의 부르심을 받고 순종하며 주님 종의 길로 출발할 수 있었던 것은 전적으로 주님의 은혜요, 축복이었습니다.

아직 젊은 나이에 언론사에서 사회 첫발을 내딛고 근무하던 터라 '세상 길이냐, 소명자의 길이냐' 하는 두 마음을 품고 있었기에 선뜻 선택하기 쉽지 않은 길이었습니다. 그러나 아브라함처럼 주저하지 않고, 미래를 전폭적으로 하나님께 맡기고, 성령과 함께하는 목회와 영성의 길을 걸어온 것은 결코 후회함이 없는 감사의 여정이었습니다.

특히 20세기 하나님의 위대한 종으로서 쓰임받으신 영적 스승 조용기 목사님의 영적 리더십 아래 제자로 발탁되고 목회자로서 성장할 수 있게 된 것은 더할 나위 없는 특전이요, 사랑이었습니다. 그분의 '성령목회'와 '오중복음'과 '4차원 영성'은 저의 목회의 근간이 되었습니다.

성역 40년을 두 시기로 나눈다면, 전반 20년은 '사회 구원을 위해 바친 세월'이었고, 후반 20년은 '개인 구원을 위해 쓰임받은 기간'이라고 말할 수 있습니다. 문서선교지「월간 신앙계」와「복음 실은 국민일보」에서 근무한 것은 남다른 은혜요, 축복이었습니다. 국내에서 유일하게 복음을 실은 일간지에서 기독교 시각을 가지고, 교회와 사회를 계도하고, 올바른 신앙 방향을 제시한 사역은 참 의미 있는 일이었습니다. 아울러 한세대학교와 영산신학원, 영산수련원 등에서 차세대 지도자가 될 젊은 후학들을 가르치고 배출하는 일 또한 주님이 맡기신 아주 특별한 성역이었습니다. 1천여명의 선지 생도들을 교육하고 배출시켜, 오늘날 그들이 어엿한 목회자와 선교사가 되어 영혼 구원과 국내외 하나님나라 확장에 기여하는 모습을 보는 것은 정말 큰 기쁨과 보람입니다.

무엇보다 순복음중동교회에 부임한 후 13년 오늘에 이르기까지 성도님들의 큰 사랑을 받으며 목양할 수 있었던 것이야말로 가장 큰 축복이요, 행복이었습니다. 이 설교집은 순복음중동교회에 부임한 후 강단에서 설교한 내용들을 일부 담은 것입니다. 다시 한번 읽으시면서 은혜를 받으시기를 기대합니다.

끝으로 성역 40년 기념설교집을 발간하면서 먼저 예수 그리스도의 큰 종이셨던 조용기 목사님을 추모하면서, 영전에 이 책을 드립니다. 기도해주시고, 협력해주신 순복음중동교회 성도님들과 교역자 여러분들, 아울러 결코 쉽지 않은 목회자의 아내로서 함께한 이수진 목사와 자녀들에게도 고마움을 전합니다.

2022. 5. 4.
순복음중동교회 담임목사
김경문 목사

차례

| 제 1 장 |
부요한 신앙과 삶을 위하여

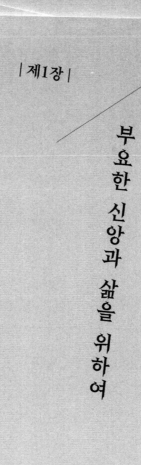

| 제1장 |

부요한 신앙과 삶을 위하여

성경이 말하는 경제

마 13:44-46

성경에는 경제에 관한 구절이 무려 2,360구절이나 나온다. 그런 점에서라면 성경은 웬만한 경제학 교과서 수준이다.

그런데 성경을 읽고 믿으며 그 가르침을 따라 살고자 하는 성도들이 막상 경제생활에서 성경의 가르침을 제대로 적용하지 못하며 살고 있다.

왜 그럴까?

경제에 대한 성경의 원리와 교훈을 제대로 알지 못한 탓이다.

원래 자본주의는 성경적 윤리가 낳은 자식이다.

우리가 자본주의 시대를 지혜롭게, 바르게 살아가려면 성경의 가르침을 제대로 배워야 한다. 그렇게 배운 원리와 기준을 따라 바르게 살면 경제생활에서 성공을 할 것이고, 그렇게 하지 못하면 실패하게 될 것이다.

1.
기독교 경제를
실생활에 적용하라

성도들에게는 교회 문을 나서면 당장 부딪히는 것이 경제적인 문제들이다. 그런데 실생활에서 부딪히는 경제적 문제에 대하여 '어떻게 대처해야 하는지' 알지 못하고 있다.

　김진홍 목사의 두레교회에서 있었던 일이다. 한 젊은 부부가 있었다. 신혼 때부터 식품점을 운영하여 부부가 하루에 17시간씩 일을 하며 열심을 다하여 가게를 일으켜서 성공하게 되었다. 아파트도 장만하고 가게도 지점을 하나 내기까지에 이르렀다. 둘 다 집사로 세움받아 열심히 교회를 섬겼다.

　그런데 어느 날 밤늦은 시각에 목사 사택으로 찾아와 하소연하였다.

　"목사님, 우리 집은 졸지에 망하게 되었어요. 친구의 빚보증을 섰더니 친구네가 잘못되어 우리 가게 둘과 아파트까지 넘어가게 되고, 우리 가족 길에 나앉게 되었어요. 이 일을 어쩜 좋지요."

　김진홍 목사님은 소스라치게 놀라 젊은 부부에게 말했다.

　"아니, 무슨 말이냐! 교회 집사가 되어서 어찌 성경에서

하지 말라는 가르침을 어기고, 평생 쌓은 기업을 망가뜨리게 되었는가? 성경에 분명히 보증 서지 말라 하였는데 왜 집사까지 되어 성경의 명령을 어기고 그렇게까지 되었나"라며 안타까워했다.

목사님 말을 들은 부인이 의아한 표정을 지으며 반문하기를, "목사님, 성경에 그런 말씀도 있어요?" 하고 묻는 것이다.

목사님은 그 자리에서 (잠 22:26) 말씀인 "너는 남의 빚에 보증을 서지 말라"라는 말씀을 읽어주었다.

부부는 예수 믿기 시작하여 목사님께 세례를 받고 집사까지 세움받으면서 교회에서 배운 대로는 열심히 살아왔지만, 성경을 제대로 알지도 않고 믿었기 때문에 그런 낭패를 당한 것이다.

'이런 말씀을 진작 알았으면 우리가 보증을 서지 않았을 텐데' 하고 안타까워했다.

거듭 언급하지만, 성경에는 경제에 대한 구절이 무려 2,360구절이나 나온다. 우리들이 제대로 알지 못하면 낭패를 당할 수밖에 없다.

우리들이 살아가고 있는 시대는 자본주의 시대이다. 자본주의 시대의 특성 중의 하나는 '경제 문제에 대하여 자신이 스스로 책임지고 살아야 한다'라는 점이다.

따라서 성도들은 '자본주의 시대에 어떤 원리와 기준으로 경제생활을 이루어나가야 할지'에 대한 성경적 지식을 갖고, 실생활에 적용시켜야 한다.

2.
성경이 가르친
경제적 요소들이 있다

성경이 제시한 경제적 성공 비결은 크게 5가지이다.

(1) 청빈사상과 청부사상

불교는 청빈사상이다. 가난하고 깨끗하게 살자는 사상이다. 유교는 청부사상이다. 깨끗한 부자로 살자는 사상이다.

그러나 기독교에는 청빈사상과 청부사상이 동시에 다 있다.

사도 바울은 깨끗하게 가난하게 살았다. 그는 본래 로마의 시민권을 가진 사람으로, 최고의 교육을 받은 엘리트였다. 그러나 그는 그리스도의 복음을 위하여 세상의 '스펙'과 모든 부귀영화를 배설물로 여겼다(빌 3:8).

반면에 성경에는 부자들도 많이 나온다. 대표적인 인물로 믿음의 조상 아브라함을 들 수 있다. 아브라함은 하나님의 지시에 따라 갈대아 우르를 떠나 가나안 땅으로 갈 때부터 부자였다. 그의 집에서 일하고, 훈련된 장정만 318명이었다(창 14:14). 그들의 가족까지 어림한다면, 아브라함이 거느린 식구들은 족히 1천 명은 되었을 것이다.

요즘에 직원 수가 천 명이나 되는 사업체를 경영한다고 보면 아브라함의 경제 여건이 어느 정도였을지 짐작할 수 있다.

아브라함의 아들 이삭도 부자였다. 이삭의 아들 야곱도 마찬가지다. 요셉도, 다윗도, 솔로몬도 부자였다. 그리고 구약성경에서 제일 큰 부자는 바로 욥이었다.

신약성경에도 부자들이 여럿 언급되어 있다. 예수님의 제자 가운데에서도 부유한 자들이 있었는데, 세리였던 마태가 그중 한 사람이다.

요한과 야고보도 부자였다. 이 두 형제의 아버지 세베대는 오늘날로 치면 어업 회사의 사장쯤 되었을 것이다. 그리고 아마 그들은 아파트 두세 채 정도는 소유할 만한 재력을 가졌다. 실제로 그들은 갈릴리와 예루살렘에 각각 한 채씩 집이 있었는데, 예루살렘에 있는 집은 보통 집이 아니고 그때 당시로는 호화판인 2층 집이었다. 즉, 다락방이 있었던 것이다.

때때로 예수님과 제자들은 여기에 모이곤 했다. 그리고 예수님의 공생애 기간 동안 야고보와 요한의 어머니가 재정적인 후원을 아끼지 않았다.

그랬기 때문에, 하루는 그 어머니가 나타나서 "예수님, 그동안 제가 주님을 위해 뒷바라지한 것 아시죠? 이제 예수님이 왕위에 오를 때 오른쪽에 요한! 왼쪽에는 야고보를 앉혀 달라!" 하면서, 치맛바람을 일으키며 예수님께 높은 자리를 청탁했던 것이다(마 20:20-21).

아리마대 요셉이나 문둥병자 시몬 역시 부자였다. 바울의 부모도 로마의 시민권을 살 정도로 부자였다. 이외에도 성경에는 부자들이 많이 언급되어 있다.

그러면 과연 '돈'이 많은 것이 악(惡)인가? 그렇지 않다! 하나님 자녀 중에는 부자도 있고, 가난한 사람도 있다.

그런데 『프로테스탄티즘 윤리와 자본주의 정신』이란 책을 쓴 막스 베버는 "종교인들 중에서도 불교나 이슬람을 신봉하는 사람들보다는 기독교인들이 더 빨리 사회적으로 성공하고, 경제적으로 부요하다"라고 말했다.

기독교인들이 다른 종교인들에 비하여 경제적 발전이나 사회적 진출이 빠른 이유를 막스 베버는 그들이 교회생활에서 배우고 익히는 성경적 윤리에서 찾았다. "교회에서 설교를 듣고, 성경을 공부하고, 교인들 간에 친교를 쌓는 신앙생활 전체가 경제적으로 빠른 성공으로 이끌어준다"라고 말했다.

(2) 정직

미국의 벤자민 프랭클린은 미국 건국 초기에 활약하였던 인물로, 대통령직 외에는 당대에 중요한 직책을 골고루 수행하였던 인물이다. 그를 일컬어 미국을 산업국가로 발전시키는 데 정신적 기초를 놓은 인물이라 일컫기도 한다.

벤자민 프랭클린은 비록 학교라고는 일 년밖에 다니지 못하였으나 어린 시절부터 부모님의 교육을 통하여 온몸으로 익힌 청교도 정신을 평생토록 실천하였다.

그래서 노동과 독서에 전념하여 낮에는 노동하고 밤에는 독서하였다. 갠 날씨에는 노동하고, 비 오는 날엔 독서하였다.

그리고 정직하고 부지런하게 살았다. 절약하고 저축하며 살았고, 무슨 일이든지 자신에게 주어진 일에는 전심을 다하여 감당하였다. 이런 삶의 태도가 당대에 성공적인 삶을 살게 했다.

이런 삶의 자세는 어느 시대 어느 곳에서나 두루 통할 수밖에 없는, 성공적인 삶의 조건들이다.

"네가 자기 사업에 근실한 사람을 보았느냐 이러한 사람은 왕 앞에 설 것이요 천한 자 앞에 서지 아니하리라"(잠 22:29)

"히스기야가 그의 조상 다윗의 모든 행위와 같이 야훼께서 보시기에 정직하게 행하여"(왕하 18:3)

성령은 '진리의 영'이시기에 성령으로 인도함을 받는 삶을 사는 사람들은 절대로 '정직해야' 한다.

(3) 근면

어느 조사 기관에서 전 세계의 유명인사 10만 명의 출신 가정 형편을 조사해봤다고 한다.

80%가 대단히 가난한 집에서 태어난 사람들이라는 놀라운 결과가 나왔다. 10만 명의 위인 가운데 8만 명이 가난에 좌절하지 않고 성공을 거두었다는 사실은 시사하는 바가 크다 하겠다.

복음서에서 예수께서 이르시기를 "하나님 아버지께서 일

하시니 나도 일한다" 하셨다. 또 "일하기 싫거든 먹지도 말라" 이르셨다.

십계명의 4번째 계명에서 이르기를 엿새 동안 힘써 일하고 7일째는 안식하라 하였다. 엿새 동안은 부지런히 땀흘려 일하고 7일째는 안식하는 것이 기독교인들에게는 생활화돼 있다.

(4) 청지기 정신

자신이 하는 일이 하나님께서 맡기신 일이라 생각하고, 열과 성을 다하여 그 일을 감당하여야 한다는 마음가짐이다.

성경에서 '청지기 정신'을 잘 설명해주는 부분이 (마 25장)에 나오는 달란트 비유이다(마 25:14-19).

주인이 돌아온 후에 자신이 맡은 달란트를 부지런히 경영하여 큰 이윤을 남긴 일꾼에 대하여 주인이 다음과 같이 말하였다.

"그 주인이 이르되 잘하였도다 착하고 충성된 종아 네가 적은 일에 충성하였으매 내가 많은 것을 네게 맡기리니 네 주인의 즐거움에 참여할지어다"(마 25:21)

일꾼은 먼저 주인의 이익을 생각하고, 그다음에 자신의

이익을 생각해야 한다. 그렇지 않으면 쫓겨난다!

재물은 하나님이 우리에게 맡긴 것이다. 따라서 먼저 그 나라와 그 의를 구하고, 내 몫을 찾아야 한다.

이를 잘 관리하는 것이 우리의 사명이다. 따라서 장사하여 남겨 칭찬받아야 한다.

(5) 섬김과 나눔

"소금을 얻기 위해 바닷물을 끓이지 말라"라는 말이 있다.

바닷물 한 말을 가마솥에 붓고 가열하여 끓이면 거기서 소금이 나오는데 아주 적은 양이다. 가치로 환산하면 약 100원 정도밖에 되지 않는다.

경제 논리로 보면 100원어치의 소금을 얻기 위해 10,000원어치의 연료를 소모한 것이다. 경제학을 전혀 모르는 문외한이 보더라도 비경제적이고 어리석은 것이다.

그래서 "소금을 얻기 위해 바닷물을 끓이지 말라"라는 것이다. 이런 경제 논리와 효율성의 논리에 대해 사람들은 누구나 고개를 끄덕인다.

그런데 이 경제 논리를 교회에서도 적용하려는 소리가 들려올 때가 있다. 이런 유형의 말을 들으면 교회의 원리에 대해서 다시 한번 생각해보게 된다.

예를 들면 "뭐 하려고 힘들게 바자회를 하나, 그 고생을 하며 해봤자 몇 푼 벌린다고. 차라리 그 수고 하지 말고 수고하는 사람들에게 나누어서 헌금하라 하면 더 나을 텐데. 그리고 그것으로 선교를 하든지, 이웃을 도와주든지 하면 더 실용적이지 않겠어?"

그런데 이 말은 상당히 우리 귀에 익숙한 말이다. 우리 생활에 익숙한 경제 원리다. 그런데 오늘날의 우리만 이런 마음을 가진 것이 아니라, 예수님의 제자들도 이런 마음을 가졌다.

예수님이 십자가 죽음을 앞두고 베다니 문둥이 시몬의 집에 초대받았다. 이때 느닷없이 한 여인이 순전한 나드 향유를 '예수님의 발'에 붓고, '자기 머리털'로 그 발을 닦았다. 그녀가 주님께 쏟은 향유 3백 데나리온은 그녀의 전 재산이었다. 그것을 보고 있던, 가룻 유다를 비롯한 몇몇 제자들이 그녀의 행동을 비난하기 시작했다.

"저 아까운 향유를 저렇게 허비하다니, 차라리 팔아서 가난한 자들에게 나누어주면 얼마나 좋아. 쓸데없는 짓 하고 있네…. 그런데 여자는 그렇다치고, 저런 멍청한 짓을 좋다고 받고 있는 스승이라고 하는 저 예수라는 양반도 아니야!"

여러분, '가룟 유다가 주장하는 경제 논리, 효율성의 논리'가 우리 귀에 타당하게 들리지 않는가? 그러나 그는 이 경제 논리를 뛰어넘지 못하고, 더 이상 제자로서의 삶을 살지 못했다.

그리스도인은 '세상 경제 논리를 뛰어넘은 사람'이다. 교회는 '실용경제와 효율성의 논리를 뛰어넘은 공동체'다.

중요한 것은 예수님의 가치를 공유하는 것이다. 교회는 '예수님이 가치 있다고 여기는 것을 가치 있게 여기는 사람들'이다. 만약에 가룟 유다와 같이 경제 논리와 효율성의 논리로만 따지면, 교회는 이미 망하고 문을 닫았을 것이다.

하나님은 한 사람을 '천하보다 귀한 영혼'이라 하셨다. 오늘날 경제 논리로 보면 70억 중의 한 사람일 뿐이다. 아흔아홉 마리 양보다 길 잃은 양 한 마리를 더 소중하게 여긴다고 했는데, 경제 논리로 보면 '바보들의 계산법'이다. 한 마리가 어찌 아흔아홉 마리를 대신할 수 있겠는가!

이 경제 논리를 뛰어넘는 인간 사랑 때문에 우리가 하나님의 자녀가 되었는데, 교회 된 우리가 경제 논리에 좌우된다면 더 이상 교회이기를 포기하는 것이다.

예수님은 우리를 대하실 때 단 한번도 경제 논리로 대하신 적이 없었다. 예수님도 경제 논리를 뛰어넘었고, 예수를 인격적으로 만난 사람들도 경제 논리를 뛰어넘었다.

막달라 마리아는 자기의 전 재산인, 3백 데나리온의 향유를 예수님의 죽음을 예비하기 위해 아낌없이 부었다.

삭개오는 전 재산의 절반을 싹둑 잘라 가난한 자에게 주고, 토색한 것은 4배로 갚았다.

순복음경○교회 송○용 장로가 있다. 기하성총회 산하 순총학원 경영부실로 어려움에 처해 경영이 힘들게 되자 지난 4월 자기 사재를 털어 대신 변제했다.

놀라운 일이다. 42억 원을 내놓았다. 보유하고 있는 자신의 부동산을 기꺼이 내놓았다. 훌륭한 주의 종을 키우는 요람, 후학을 위해서다.

마리아, 삭개오를 비롯해 송○용 장로 등 모두 자기 신앙 고백이었다.

이런 사람들에 의해 교회는 지금까지 복음을 전해왔고, 세상의 가치를 뛰어넘어왔다. 예수님의 이런 가치를 공유하고 있는 교회는 '경제 논리를 뛰어넘는 공동체'로 움직여나가고 있고, 이런 정신으로 '바자회'를 열고 있다. 이 바자회는 경제 논리로 보면, 100원어치 소금을 얻기 위해 10,000

원어치 연료를 소모하는 것일 수도 있다.

그래서 세상은 당연히 우리에게 "소금을 얻기 위해 바닷물을 끓이지 말라"라고 한다. 하지만, 주님께서는 우리에게 "소금을 얻기 위해 바닷물을 끓여라. 소금을 얻기 위해 바닷물을 끓여라" 하고 말씀하신다. 열 드라크마 가운데 한 드라크마를 기어이 찾고, 이웃을 초대해서 파티를 여는 이유는 무엇인가?

이 모든 일들이 소금을 얻기 위해 바닷물을 끓인 이야기이다.

성경은 이런 이야기들로 가득 차 있다.

"천국은 마치 밭에 감추인 보화와 같으니 사람이 이를 발견한 후 숨겨두고 기뻐하며 돌아가서 자기의 소유를 다 팔아 그 밭을 사느니라 또 천국은 마치 좋은 진주를 구하는 장사와 같으니 극히 값진 진주 하나를 발견하매 가서 자기의 소유를 다 팔아 그 진주를 사느니라"(마 13:44-46)

원하는 것을 얻기 위해 반드시 자신이 가지고 있는 것을 팔아야 하는 것이 인생이다. 버릴 줄을 알아야 새것으로 채울 수가 있다.

이것이 바로 '예수께서 선포하신 하나님 나라' 자체이다. 그래서 우리가 경제 논리를 뛰어넘는 일을 감당하는 것이다.

"만군의 야훼가 이르노라 너희의 온전한 십일조를 창고에 들여 나의 집에 양식이 있게 하고 그것으로 나를 시험하여 내가 하늘 문을 열고 너희에게 복을 쌓을 곳이 없도록 붓지 아니하나 보라"(말 3:10)

받은 재물 중에서 먼저 '십 분의 일'을 하나님께 드리라 한다. 땅과 만물, 너의 수익 모두 그 주권은 하나님께 있다는 것을 근거한 것이다. '그리하면 넘치도록 채우리라' 하셨다. 십일조는 축복의 씨앗이다. 그리고 나머지도 내 자신의 것이 아니다. 그 역시 하나님이 맡기신 재물이다. 예수님도 "하나님의 것은 하나님에게, 가이샤의 것은 가이샤에게 내거라" 하셨다.

엘리야가 이세벨의 추적으로 이스라엘에 발을 들여놓지 못하게 되었다. 그래서 이방 성읍인 사르밧에 사는 과부 집에 머물 때가 있었다. 그때 일이다. 가난한 과부에게 "빵을 만들어오라" 했다. 과부는 "빵가루 한 움큼과 기름 한 방울 남아 있었는데, 그것으로 마지막 빵을 만들어 먹고 아들과 죽으려 한다"라고 했다. 그럼에도 엘리야는 "빵을 만들어 내게로 가져오라" 하였고, 만들어오자 단숨에 먹어치웠다.

엘리야를 향해 잔인하다 할지 모르나 그것은 세상 경제 논리의 평가이다. 하나님의 논리는 다르다. "먼저 대접하라 그리하면 차고 넘치도록 채워주리라" 하시는 것이다.

과부는 공궤한 대가로 온갖 병과 그릇에 기름을 가득 채움받게 되었고, 심지어는 사르밧 과부의 아들이 죽었을 때 소생케 하셨다(왕상 17:8-24).

내가 목회하면서 볼 때 간혹 우리 교회 성도들 가운데 형편에 비해 많은 헌신을 할 땐 헌금을 만류하고 싶을 때가 있다. 그러나 그것은 '나의 이성'이다. '성령의 영성'은 아니다.

'어렵지만 드려라', 이것이다. 그래야 복을 받기 때문이다. 이것이 하나님의 법칙이요, 경제 논리이다.

박○강 목사는 중풍으로 쓰러지고 직장에서 쫓겨났다. 앞길이 막막했으나 남은 재산이라곤 500만 원이 든 주택통장 하나뿐이었다. 교회를 건축할 때라 마음의 소원이 일어났다. 그래서 통째로 드렸다. 그 후 복을 받았다. 현재 재산 200억 원이다. 드린 것에 제곱으로 하면 12배(4,000배) '복'을 받았다.

바자회의 목적이 무엇인가? 수익금을 남겨서 이웃을 도와준다는 것은 사회사업 하는 사람들이 말하는 바자회의 목적이다. 그러나 이것은 우리의 2차적 목적이다. 1차 목적은 하나님 나라를 연습하는 것이다. 세상 것과 일시적인 것은 팔고, 영원한 하나님 나라를 사는 연습을 해야 한다.

하나님께서는 우리에게 나름대로 적절한 처지와 형편에
처하게 해주신다. 그러므로 우리가 설령 가난하게 살지라도
어떻게 믿음으로 살아야 하는지 알 필요가 있다.

"낮은 형제는 자기의 높음을 자랑하고 부한 자는 자기의
낮아짐을 자랑할지니 이는 그가 풀의 꽃과 같이 지나감이
라"(약 1:9-10)

이것은 예수 믿는 사람들은 높고 낮음을 외적인 편에 의
존하지 않는다는 말씀이다. 세상적인 안목으로는 가난하고
힘없어 보이지만, 예수 그리스도를 믿는 신자들은 하나님의
자녀로서 '자부심'을 갖고 살아야 한다는 것이다.

교육을 많이 받지 않았다 해도, 권력이 없다 해도, 돈이
없다 해도 비굴하게 살아서는 안 된다. 외적인 형편으로 남
과 비교하며 인생을 판단하여 낙심하고, 혹은 지위가 높다
고, 좀 있다고 교만하게 살아서는 안 된다.

그 까닭은 우리 그리스도인들은 우주 만물의 주인이신 야
훼 하나님을 모시고 살기 때문이다.

가난하고 보잘것없이 산다 해도 하나님의 자녀 된 신자들
은 모두 영원한 세계를 기업으로 약속받았기 때문이다.

우리 믿는 사람들은 현재 자신에게 돈이 없고 세상의 명
예와 지위가 없고 건강을 잃었다 할지라도, 저 하늘나라의

상급을 생각할 때 이 세상에서 남에게 기죽지 않고, 기쁨으로 열심히 살 수 있다.

예수님을 생각해보라! 그분은 물질적인 면에서 가진 것이 없으셨다. 목수의 아들이었다는 점만 보아도 그분의 형편을 상상할 수 있을 것이다. 그분이 세상 사람의 눈에 하찮은 유대인으로 보였을지 몰라도, 하나님 보시기에는 사랑하는 아들이고 기뻐하는 자이셨다.

따라서 예수님은 이 세상에서 하나님의 아들답게 당당하게 사셨다. 우리 역시 하나님의 자녀로서 훌륭하게 살아야 한다.

예수님께서 예루살렘에 입성하실 때 비록 나귀 새끼를 타고 계셨지만, 위풍당당하셨다. 여느 왕들의 행차처럼 요란하고 호화찬란하지는 않았지만, 영광스럽게 행동하셨다.

이는 '외적인 모습'이 아니라 '영적인 능력'을 말하는 것이다. 이것이 믿는 사람들의 삶의 모습이고, 믿는 사람들의 삶의 자세이다. 우리는 어떤 형편에 처해도 하나님 때문에 당당하게 사는 사람들이다.

낮은 형제는 "자기의 높음을 자랑한다"라고 했는데, 그 자랑은 바로 야훼 하나님이다. 여기에 우리의 소망이 있다. 영원한 나라와 하늘의 기업, 하나님 그분이 우리의 기업이다.

썩지 않고, 없어지지 않는 영원한 기업이다.

나의 기업 되신 하나님, 그분 때문에 낮은 형제도 자랑스럽게 고개를 들고 떳떳하게 살 수 있다.

바라건대 세상 경제 논리를 뛰어넘어 주님의 경제 논리로 참 가치와 부요를 누리시고, 신앙과 삶을 성공으로 이끌어 가게 되시기를 축원한다.

경쟁력 있는 삶을 살자

시 112:1-6

오늘날은 경쟁력의 시대이다. 도전, 변혁, 정보화 시대이다. 이런 변화와 도전의 시대에 낙오자가 되지 않기 위해서는 '영육간의 경쟁력'을 가져야 한다.

1.
계명을 지키는 사람

본문에 보면 "야훼를 경외하며 그의 계명을 지키는 자는 복이 있나니 강성하리라"(1-2절) 하였다. 하나님의 계명, 즉 말씀 그 자체가 복이요 힘이다. 그 말씀을 우리에게 주신 이유는 무엇인가? 그 말씀을 자원 삼아 신앙과 삶을 성공으로 이끌고, 복되고 아름답게 살도록 하기 위함이다.

"내가 오늘 네 행복을 위하여 네게 명하는 야훼의 명령과

규례를 지킬 것이 아니냐 하늘과 모든 하늘의 하늘과 땅과 그 위의 만물은 본래 네 하나님 야훼께 속한 것이로되"(신 10:13)

세상 만물은 모두 그분께 속한 것이고, 생사화복이 그분 안에 있으니, 그분 말씀 속에 행복이 있다는 뜻이다.

따라서 하나님의 말씀은 사람들이 어떻게 하면 '행복하게 살 수 있는지', '어떻게 하나님의 축복을 받으면서 살 수 있는지'에 대한 길과 방안을 가르쳐주고 있다.

백화점 왕으로 유명한 존 워너메이커는 이미 잘 알려진 인물이다. 생존 당시 YMCA 대표, 체신부장관, 그 외에도 수많은 일들과 업적을 남겼다. 그가 가장 소중하게 여긴 본업은 백화점 경영이 아니라 어린 영혼들에게 하나님의 말씀을 심어주는 '주일학교 교사'였다. 그만큼 존 워너메이커의 삶의 지표이자 중심은 '하나님'이었고, '성경'이었다.

그는 성경에서 얻은, 미래를 예측하는 탁월한 판단력과 정확한 경영 능력으로 그가 투자한 물건마다 항상 엄청난 이윤을 남겼다.

어느 날 신문기자가 찾아와 "회장님이 지금까지 투자한 것 중에서 가장 성공한 투자는 무엇입니까?"라고 질문하자 그는 이렇게 답했다.

"내가 열여섯 살 때 당시로서는 내게 적지 않은 돈 2달러

50센트를 주고 성경 한 권을 산 것입니다. 이것이 가장 위대한 투자였어요. 왜냐하면 바로 이 성경이 오늘의 나를 만들었으니까요. 성경은 하나님과 올바른 관계를 맺는 법과 인간관계를 어떻게 해야 되는지를 가르쳐주었습니다. 살아갈 꿈과 방향과 목적을 알려주었고, 어려움을 극복할 수 있는 방안을 알려주었지요. 그리고 위로와 격려, 용기를 주는 말씀이 넘쳐났습니다. 그 말대로 실천하며 살았습니다. 성경을 읽으면 읽을수록 너무너무 좋은 구절들이 많았습니다. 때로는 산에 나무하러 가서 거기에서도 성경을 읽었지요. 성경이 너무 좋아서 눈물을 흘린 적도 있어요. 제가 지금 생각해보면, 만약 성경을 몰랐다면 지금 내 형편이 어떻게 되었을까? 생각해도 아찔할 정도입니다. 왜냐구요? 내가 나를 생각해봐도 나는 본질적으로 나쁜 사람이거든요. 어느 누구보다도 내가 내 자신을 잘 알거든요. 그리고 저의 친구가 더 잘 알거든요. 그래서 지금의 내가 된 것은 성경 덕분이니 너무 감사한 일이지요. 그래서 지금도 저는 하루 일과를 시작하기 전에 꼭 성경을 먼저 보고 일과를 시작합니다. 천하 없는 일이 있어도 새벽에 일어나서 성경 먼저 보기 전에는 신문이나 다른 책을 보지 않고 생활하는 것이 나의 습관이 되어 있습니다. 이 성경은 저에겐 없어선 안 될 소중한 경전이요, 보물입니다."

워너메이커는 가난한 소년 시절부터 성경을 읽으며 꿈을

키웠던 것이다. 어릴 때부터 그는 한결같은 성경 사랑과 상업적인 능력과 재치를 발휘하여 훗날 백화점을 '창시' 하고, 경제계를 이끄는 위대한 사업가가 될 수 있었던 것이다. 특히 세계 최대의 주일학교를 이룬 평신도 사역자로의 헌신 등으로 오늘날까지 귀감이 되고 있다.

"그는 영원히 흔들리지 아니함이여 의인은 영원히 기억되리로다"(시 112:6)
이러므로 말씀과 계명을 잘 지키는 것이 중요하다.

"모든 성경은 하나님의 감동으로 된 것으로 교훈과 책망과 바르게 함과 의로 교육하기에 유익하니 이는 하나님의 사람으로 온전케 하며 모든 선한 일을 행하기에 온전케 하려 함이니라"(딤후 3:16)
말씀과 계명은 우리의 자유를 억압하는 게 아니다. ① 우리를 죄와 저주에서 지켜준다. ② 하나님의 형상대로 지음 받은 인간으로서 복받고, 온전히 사는 길을 알려주는 '가이드북'인 것이다. ③ 부모와 자식, 형제 간 가정 행복, 대인 인간관계, 성공적인 경영과 경제생활, 영적 전쟁, 전쟁 승리 전법, 문제 극복 방법, 건강 장수법, 형통의 길, 영생과 구원 등에 대해 가르쳐준다.

2.
창의력을
계발하는 사람

누구인가? 하나님 말씀 안에 있는 보배를 찾는 사람이다.

야곱이 그랬다. 야곱은 삼촌이 자신을 부려먹고도 제대로 품삯을 주지 않자 '상상력과 창의력'을 계발했다.

바라봄의 법칙을 적용함으로써 자기 소유의 양과 약대를 대량으로 양산하여 부자가 되었다.

"야곱이 버드나무와 살구나무와 신풍나무의 푸른 가지를 가져다가 그것들의 껍질을 벗겨 흰 무늬를 내고 그 껍질 벗긴 가지를 양 떼가 와서 먹는 개천의 물 구유에 세워 양 떼를 향하게 하매 그 떼가 물을 먹으러 올 때에 새끼를 배니 가지 앞에서 새끼를 배므로 얼룩얼룩한 것과 점이 있고 아롱진 것을 낳은지라"(창 30:37-43)

오늘날은 소수 엘리트들이 사회를 이끌어가는 시대이다. 과거 농경 사회나 산업화 시대에는 다수의 노동 인구가 노동력으로 시대를 이끌어갔지만, 오늘날은 상상력과 창의력을 가진 소수의 엘리트들이 국가와 사회를 이끌어가고 있다.

오늘날의 문명은 과거의 사람들이 꿈에서나 보던 일들이다. 그러나 하나님의 DNA를 가진 인간들이 꿈꾸고 상상하던 일들을 하나하나 현실화시키는 데 능력을 발휘한 결과이다.

이젠 AI와 컴퓨터, 로봇 등이 노동력을 대신하고, 매스컴의 총아 핸드폰을 위시해서 반도체 하나 개발을 잘하면 온 국민이 잘 먹고, 잘사는 시대이다. 그리고 과학과 문명, 도시 등이 눈부시게, 빠르게 발전하고 있는 '하이파워 스피드 시대'이다. 이런 변화와 도전의 시대에 낙오자가 되지 않기 위해서는 '상상력과 창의력, 적응력'을 가져야 한다.

거듭 언급하지만, 오늘날의 문명사회와 생활의 편리는 과거 엘리트들의 상상력과 창의력의 결과물이다. 최근 우리 사회에 보면 의외로 대박 난 분식점, 100만 개 팔린 염색 샴푸, 노브랜드 버거, 스터디 카페 등등 많다. 남대문 시장에서 잘나가는 야채 호떡집은 줄 서서 30분~1시간 기다려야 사서 먹을 수 있다. 다양한 요리법(레시피), 기타 연주법 등 유튜브에 올려 매월 수십~수백만 원씩 수익을 얻는 유튜버들도 많다.

남보다 좀 더, 한걸음 앞서나가 아이템을 연구, 계발하고 노력하였기 때문이다.

따라서 남보다 앞서 나가려면 기도해야 한다.

"너희 중에 누구든지 지혜가 부족하거든 모든 사람에게

후히 주시고 꾸짖지 아니하시는 하나님께 구하라 그리하면 주시리라"(약 1:5)

창의력을 계발하려면 무시로 기도하고, 성령과 교제해야 한다.

상상력은 다시 말해 꿈과 희망을 말한다. 피겨스케이팅 선수 유영은 2022 베이징동계올림픽 국가대표로 출전했다. 그는 김연아가 2010년 밴쿠버올림픽 때 금메달을 땄던 모습을 꿈꾸고, 롤모델로 삼고, 이제껏 달려왔다. 이제 마침내 올림픽에 출전하게 돼 제2의 김연아가 되는 것이다. 꿈과 희망의 대상을 목표로 삼고 따라가는 것도 중요하다.

이러므로 '나는 누구를 닮을 것인가?' 스스로 생각하고, 꿈과 목표를 이루기 위해 노력하고 힘써야 한다. 푯대가 있으면 '달려갈 의욕'이 생기고, '발전'을 기대할 수 있다. 불타는 소원을 가지고 있던 바울은 '푯대'를 향해 잡으러 '좇아간다'라고 했다. 결국 소원대로 이뤘다. 로마까지 가서 복음을 전한 것이다. 뜨거운 열정과 의욕이 넘칠 때 장애물을 극복하고 나아갈 수 있고, 꿈을 성취할 수 있다.

주님은 마음의 소원을 두고 행하시는 분이다. 도우신다!

우리가 알아야 할 것은 '이미 하나님의 형상대로' 지음받았기 때문에 '내 안에 상상력과 창의력이 있다'는 사실이다.

이러므로 대박 난 사람들을 부러워만 하지 말고, 나도 할 수 있다는 믿음과 도전하는 자세로 계발하고, 능력을 십분 발휘하여 성공하시기를 바란다. 그래서 현대의 야곱처럼 성취감과 만족감을 맛보게 되시기를 축원한다.

3.
감동시키는 사람

'고객감동'이라는 말이 있다. 경영에 초점을 맞추고 있다.

(1) 친절은 경쟁력이다

절대 '낭비'가 아니다. '큰 이윤'을 가져온다. 단골손님을 만들려면 '오랜 시간과 노력'이 필요하다. 반면에 단골을 잃어버리면 처음보다 30배의 노력이 더 필요하다.

아마존의 창업자 제프 베조스는 그의 할아버지로부터 성공 비결을 하나 얻었는데, 그게 바로 "친절해라! 친절해라!"였다.

주인의 이익을 위해 충성하는 사람도 그렇다. 두 달란트, 다섯 달란트 남긴 종들이 그렇다. 남기기 위해 땀을 흘려야 한다.

예수께서 말씀하시기를 "내 아버지께서 이제까지 일하시니 나도 일한다"(요 5:17) 하셨다. 또 "너희에게 명하기를 누구든지 일하기 싫어하거든 먹지도 말게 하라"(살후 3:10) 이르셨다.

따라서 근면하고, 최선을 다해야 한다. 주인이 언제 올지 모르기 때문에 깨어 있어야 한다.

그리고 대인관계 경쟁력이 중요하다. 그중에 분노조절을 잘해야 한다. 남의 감정, 성질 건드리지 말라! 운전할 때도 넉넉한 마음, 양보하는 마음이 안전운전을 하게 만든다. 양보 안 하고 야박하면 오히려 신경질이 나서 사고가 난다.

말도 잘해야 한다. "말 한마디로 천 냥 빚을 갚는다", "말 한마디에 형제 같은 친구 30년 원수 된다"라는 말이 있다.

(2) 사랑이 경쟁력이다

한 백부장은 하인의 병을 고치기 위해 신분을 낮추고, 약자를 위해 자비와 사랑을 보였다. 인간미 넘치는 사람이었다. 예수님은 '백부장의 생명에 대한 사랑', '남다른 겸손과 온유', '예수님에 대한 전적인 믿음과 신뢰'를 보시고, 큰 감동을 받으셨다.

"이르되 주여 내 하인이 중풍병으로 집에 누워 몹시 괴로워하나이다 이르시되 내가 가서 고쳐주리라 백부장이 대답하여 이르되 주여 내 집에 들어오심을 나는 감당하지 못하겠사오니 다만 말씀으로만 하옵소서 그러면 내 하인이 낫겠사옵나이다 나도 남의 수하에 있는 사람이요 내 아래에도 군사가 있으니 이더러 가라 하면 가고 저더러 오라 하면 오고 내 종더러 이것을 하라 하면 하나이다 예수께서 들으시고 놀랍게 여겨 따르는 자들에게 이르시되 내가 진실로 너희에게 이르노니 이스라엘 중 아무에게서도 이만한 믿음을 보지 못하였노라"(마 8:6-10)

자기 이익을 따지고, 십자가 지기를 싫어하고, 자기 체면을 중시하는 세태에서 참 보기 드문 감동적인 일이다. 남을 위해 십자가 지는 사람은 정말 많은 이들에게 귀감이 되고, 주님이 기뻐하시는 사람이다. 사랑을 바탕으로 한 헌신과 희생이 바로 '그리스도의 정신'이다. 주님은 이것을 본받고 행하라고 하신 것이다.

"자녀들아 우리가 말과 혀로만 사랑하지 말고 행함과 진

실함으로 하자"(요일 3:18)

그러므로 누구도 감히 "하나님을 사랑한다"라고 말하지 말라는 그런 뜻이다!

"진실로 이르노니 너희가 주님을 진정으로 사랑한다고 말할 수 있으려면 너희 스스로 매일매일의 실제적 일상적 삶 속에서 그 사랑을 증명해야 하리라"(현대어성경)

바리새인들은 "하나님을 사랑한다"라고 말했지만, 정작 주님은 그들을 향해 "독사의 자식들"이라 욕했다. 그들은 욕 먹을 짓을 했기 때문이다. 가식과 위선으로 가득했다. 정작 하나님의 아들 예수님을 사랑하지도 않았고, 이웃 사랑이 곧 하나님 사랑임에도 실천하지 않았기 때문이다.

"독사의 자식들아 너희는 악하니 어떻게 선한 말을 할 수 있느냐 이는 마음에 가득한 것을 입으로 말함이라"(마 12:34)

예수님 생애는 감동 자체요, 감동 덩어리이다!

먼저 높은 보좌를 내버려두시고, 낮고 천한 곳에 스스로 낮추어 오셨다. 겸손과 온유의 코드이다. 주님은 자신을 내어주시기 위해 오신 것이다.

(3) 대접을 받고저 하는 자는 먼저 대접하고, 오 리를 가자면 십 리를 가고, 오른뺨을 때리거든 왼뺨을 내밀어라

이것이 황금률이다.

"그러므로 무엇이든지 남에게 대접을 받고자 하는 대로 너희도 남을 대접하라 이것이 율법이요 선지자니라"(마 7:12)

역시 대접을 잘하는 사람은 친구가 많고, 지지 세력도 많다.

국제적으로도 그렇다! 미국 원조로 성장한 나라는 친미이고, 중국과 일본, 중동 국가의 도움을 받은 나라나 장학생들은 다 도와준 나라 편이다.

"사람이 무엇으로 심든지 그대로 되리라"

(4) 영원한 경쟁력은 '믿음과 소망과 사랑'이다

그중에서도 가장 높은 경쟁력은 '사랑의 실천 능력'이다.

"그런즉 믿음, 소망, 사랑, 이 세 가지는 항상 있을 것인데 그중의 제일은 사랑이라"(고전 13:13)

(5) 정직이 경쟁력이다

사람들은 정직하면 돈 못 번다고 생각하는 경향이 있다. 그러나 그렇지 않다. 부정직하기 때문에 기업이 망하고, 돈을 못 버는 것이다.

"정직한 자는 부와 재물이 그 집에 있으며, 후손이 복을 받으리라"(시 112:2-3)

히스기야도 정직히 행함으로, 하나님께서 그와 함께 하시고, 어디로 가든지 '형통'했다.

"히스기야가 그의 조상 다윗의 모든 행위와 같이 야훼께서 보시기에 정직하게 행하여 …(중략)… 히스기야가 이스라엘 하나님 야훼를 의지하였는데 그의 전후 유다 여러 왕 중에 그러한 자가 없었으니 곧 그가 야훼께 연합하여 그에게서 떠나지 아니하고 야훼께서 모세에게 명령하신 계명을 지켰더라 야훼께서 그와 함께 하시매 그가 어디로 가든지 형통하였더라"(왕하 18:3-7)

예수님을 마음의 주인으로 모신 사람은 자기 이익을 위해 '흔들리지 않는다'. 아무리 자기가 좋아하고, 귀히 여기는 것도 주님이 기뻐하지 않고, 주님이 허락하지 않으면 곧바로 '정리'할 수 있는 사람이다. 이런 사람이 복을 받는 것이다.

"야훼께서 은혜와 영화를 주시며 정직히 행하는 자에게 좋은 것을 아끼지 아니하실 것"(시 84:11)

(6) 비둘기 같은 순결

의외로 우리 사회 교도소에는 고학력자나 똑똑한 사람이 많이 들어가 있다. 지혜를 나쁜 쪽으로 썼기 때문이다. 우리는 무엇보다 지혜를 분별력 있게, 올바르게 사용해야 한다.

비둘기는 깨끗함과 평화를 상징한다. 깨끗함이 경쟁력이다. 흠이 생기면 어느 누구나 지위고하를 막론하고 '추락하는 것은 날개가 없다'. 따라서 바른 처신과 분별력이 필요하다.

정절과 사랑과 정직, 지혜와 순결은 언제나 하나님과 사람에게 '감동'을 준다. 그래서 그 친절과 사랑과 정직, 지혜와 순결이 있는 곳에 역사가 일어난다. 그러므로 이런 사람이 되어야 한다. 한마디로 좋은 사람이 될 때, 어디서든 환영받는 사람이 되는 것이다.

경쟁력 없이는 "생육, 충만, 번성, 정복, 다스림의 축복"(창 1:28)은 없다.

무엇보다 하나님 말씀과 계명을 잘 지켜야 한다. 그리고 말씀 안에서 창의력과 상상력을 계발하고, 하나님과 사람과의 관계를 바르게 하라. 친절하고, 정직하고, 감동을 줌으로써 신앙과 삶의 경쟁력을 '확보'하여 하나님의 축복과 바람대로 이 땅에서 '생육, 충만, 번성, 정복, 다스리며' 살게 되시기를 바란다.

백만장자의 꿈을 꿔라

창 12:2

하나님은 천지를 창조하신 후, 인간에게 '창대하고 번성하라' 축복하셨다. 하나님의 소원은 바로 '우리들이 복받고 잘사는 것'이다. 우리들이 부자가 되는 것이 '하나님의 소원'이다. 그래서 성경에 보면 많은 백만장자들의 이야기가 나온다.

① 아브라함에 대해 이같이 말씀하셨다. "야훼께서 그에게 범사에 복을 주셨더라"(창 24:1)

② 이삭에 대해선, "이삭이 그 땅에서 농사하여 그해에 백 배나 얻었고 야훼께서 복을 주시므로 그 사람이 창대하고 왕성하여 마침내 거부가 되어"(창 26:12-13)

③ 야곱에 대해선, "그 사람이 매우 번창하여 양 떼와 노비와 낙타와 나귀가 많았더라"(창 30:43)

④ 요셉에 대해선, "너는 내 집을 다스리라 내 백성이 다 네 명령에 복종하리니 내가 너보다 높은 것은 내 왕좌뿐이

라"(창 41:40)

⑤ 온갖 역경을 이겨낸 욥은 하나님의 은혜로 이전보다
더 풍족한 백만장자가 되었다. "야훼께서 욥의 말년에 욥에
게 처음보다 더 복을 주시니 그가 양 만 사천과 낙타 육천과
소 천 겨리와 암나귀 천을 두었고"(욥 42:12)

⑥ 다윗은 양치기 소년으로 초라하게 시작했지만, 하나
님의 은총으로 이스라엘에서 가장 위대한 왕이 되었다. "그
가 나이 많아 늙도록 부하고 존귀를 누리다가 죽으매"(대상
29:28)

⑦ 솔로몬은 성경에 기록된 백만장자 중에 가장 큰 부자
였다. "솔로몬 왕의 재산과 지혜가 세상의 그 어느 왕보다
큰지라"(왕상 10:23)

⑧ 히스기야에 대한 언급은 "히스기야가 부와 영광이 지
극한지라 이에 은금과 보석과 향품과 방패와 온갖 보배로운
그릇들을 위하여 창고를 세우며…(중략)…양 떼와 많은 소
떼를 위하여 성읍들을 세웠으니 이는 하나님이 그에게 재산
을 심히 많이 주셨음이며"(대하 32:27-29)

이제 우리가 '백만장자'가 될 차례다.

1.
하나님을 첫 재산으로 삼으라

성경 속 백만장자들의 공통점은 하나님을 사랑했고, 하나님 우선주의로 살았다는 것이다. 그들에게는 '물질의 부요' 이전에 '믿음의 부요'가 있었다.

"그런즉 너희는 먼저 그 나라와 그 의를 구하라 그리하면 이 모든 것을 너희에게 더하시리라"(마 6:33)

그러면 하나님을 첫 재산으로 삼는 방법은 무엇인가?

(1) 하나님과 올바른 관계를 가져라

하나님은 소유가 아니라 관계를 통해 역사하시기 때문이다.

엄마들 사이에서 유행하는 유머 하나가 있다. 아이가 태어나면 아인슈타인 우유를 먹인단다. 천재가 되라고. 초등학생이 되면 서울대에 들어가라고 서울우유를, 중학생이 되면 연세우유를, 고등학생이 되면 2호선이라도 타라고 건국

우유를, 그러다 고3이 되면 그저 매일매일 씩씩하고 건강하게만 자라달라는 바람으로 매일우유를 먹인단다.

어느 대학이냐가 중요한 것이 아니라, 인생을 살아가면서 하나님과 얼마나 올바른 관계를 맺고 사느냐가 더 중요한 문제다.

"야훼께서 너로 머리가 되고 꼬리가 되지 않게 하시며 위에만 있고 아래에 있지 않게 하시리니"(신 28:13)

따라서 하나님을 추구해야 한다.

미국에서 가장 영향력 있는 여성 사업가이자 메리케이 화장품 창업자인 메리케이는 모든 면에서 성경에 바탕을 둔 백만장자였다. 그녀의 인생철학과 성공 원칙은 '하나님'이 첫째, '가족'이 둘째, '사업'이 셋째였다.

"야훼께서 복을 주시므로 사람으로 부하게 하시고 근심을 겸하여 주시지 아니하시느니라"(잠 10:22)

여기서 복이라는 말에는 무릎을 꿇다, 축복하다, 풍성하게 하다, 찬양하다, 송축하다 등의 뜻이 있다.

다시 말하면 하나님은 ① 기도하는 사람에게 '복'을 주시고, ② 하나님께 예배를 드리는 사람에게 '복'을 주시고, ③ 하나님을 찬양하는 사람에게 '복'을 주신다는 뜻이다.

전 세계를 보라! 하나님을 잘 믿는 백성들이 '복'을 받았다. 하나님을 잘 믿는 나라들이 부강해지고 축복을 받았다. 하나님을 잘 믿는 회사가 '복'을 받았다. "예수 사랑하심"은 성경에 써 있다. 성경은 진리이다. 말씀 따라 살면 승리하고 성공한다.

(2) 하나님을 인생의 최고경영자로 삼으라

주님은 '물질이 풍부한 사람'만을 '제자'로 삼지 않았다. '가능성 있는 사람', '믿음이 있는 사람'을 선택하셨다. 하나님은 '하나님을 파트너로 삼은 자'와 함께하신다.

야곱은 아무것도 가진 것 없이 "하나님이 너와 함께하시리라"라는 말씀만 믿고 고향을 떠났지만 나중에 거부가 되어서 고향으로 돌아올 수 있었다(창 28:30, 43).

아브라함도 풍부한 갈대아 우르의 본토 친척 아비 집을 하나님 말씀에 순종하여 믿음으로 떠났을 때에 숱한 고생과 기근의 고통 속에서도 결국 하나님이 함께 하시므로 영육간에 부요한 자가 되었다. 하나님은 부요하신 분이다.

이스라엘 백성의 광야 생활 40년 동안 모든 것을 다 채워주셨고, 오병이어로 5천 명을 먹이고도 남게 하신 분이다. 하나님은 '못하시는 것이 없으신 분'이다! 그러므로 언제나 그분을 삶의 파트너로 삼으라! 부요하게 될 것이다. 아름다운 인생이 될 것이다.

사지가 없는 닉 부이치치를 보라. 인생 비관하고 삶을 포기할 수밖에 없는 처지였으나 하나님과 동업하니 불행한 삶에서 행복한 삶이 되었다. 전 세계를 다니며 열정적으로 복음을 전하고, 행복을 나누는 전도사가 되었다. 온전한 몸으로 태어나서도 세상을 원망하고 나태하게 살아가는 사람이 있다. 이에 비해 닉 부이치치는 비록 그의 출생은 불행하였지만 현재 그 자신은 누구보다도 행복하게 살아가고 있는 것이다. 하나님을 최고경영자로 삼고, 믿고 의지하면, 영육간의 부요를 누릴 수 있는 것이다.

(3) 하나님의 정의를 구하라

"개같이 벌어 정승같이 쓴다"라는 말이 있다. 그러나 이것은 잘못된 말이다. 돈을 버는 데는 원칙이 있다. 마약, 사기, 환경파괴, 불량음식 등으로 돈을 벌어서는 안 된다. 그렇게 사느니 차라리 가난하게 사는 게 낫다.

하나님은 정직하고 당당하게 돈을 버는 것을 기뻐하신다. 정직하게 번 돈은 결코 우리를 거꾸러뜨리는 법이 없다. 백만장자는 행운이 아니라 '하나님이 주시는 것'이다.

2.
목적 달성을 위한
전략을 세우라

꿈을 현실화시키기 위해서는 전략을 세워야 한다.

미국 최초의 백만장자 벤자민 프랭클린은 "나는 오늘 무엇을 성취해야 하는가?"라는 질문으로 하루를 시작하면서 그 대답을 써두었다. 하루 일을 끝내고 잠자리에 들기 전에 프랭클린은 "나는 오늘 무엇을 성취하였는가?"라고 물으며 하루를 되돌아보는 시간을 가졌다.

성공 철학자로 유명한 미국의 나폴레온 힐은 그의 명저 『부자 되는 생각』에서 부자가 되는 6가지 원칙을 제시하고 있다.

① 자기가 바라는 돈의 금액을 명확히 하라. 그저 단순히 무작정 많이 벌고 싶다는 식의 생각은 안 된다. 1억인가? 10억인가? 100억인가? 바라는 돈의 목표를 분명히 정하라.

② 자신이 원하는 돈을 얻기 위하여 '내가 무엇을 할 것인가?'를 결정하라. 이 세상에는 대가 없는 보상이란 존재하지

않는 법이기 때문이다.

③ 그 목표를 달성할 '시와 때'를 명확히 결정하라.

④ 돈을 얻기 위한 면밀한 계획을 세우라. 아직 그 계획의 준비가 조금 덜 되었더라도 상관하지 말고 즉시 '행동'으로 들어가라.

⑤ 성실하게 일하라. 태만하지 말고, 근면하라! 한국인의 근성!

⑥ 위의 5가지 내용을 종이에 기록한 것을 아침에 일어나자마자, 그리고 잠자리에 들기 직전에 큰 소리로 낭독한다.

이때 '이미 그 목표를 이루었다'고 믿어야 한다. '기도하고 구한 것은 이미 받은 줄로 믿으라'는 말이다.

무엇보다 중요한 것은 현재는 돈이 없지만 이미 있는 것처럼 생각하라는 말이다! 바로 이것이 '불타오르는 소망'을 '현실화'할 수 있는가 없는가의 갈림길이다. 진심으로 돈을 갖기를 원한다면, 그 돈이 손에 들어왔을 때의 일도 상상할 수 있을 것이다.

① 부자가 되고 싶다는 열렬한 소망과, ② 반드시 부자가 되리라는 믿음만 있어도 부자가 될 가능성은 있다.

따라서 꿈과 목표를 분명히 갖고 여러분! '최선'을 다하라! 나머지는 하나님이 알아서 다 해주신다.

3.
긍정의 기운이
일어나도록 하라

항상 우리에게는 긍정과 부정의 기운이 돈다. 그러나 긍정의 기운이 일어나도록 해야 한다, 택해야 한다. 누구든지 대학 졸업 여부 관계없이 구원과 생명, 부요, 은혜와 복과 천국을 주신다. 선물이다. 학위의 문제가 아니다. 똑같은 상황이지만 그 상황을 받아들이는 사람의 마음가짐에 따라 그것이 '축복'이 되기도 하고, '불운'이 되기도 한다.

한 초등학교 학생이 축구 연습을 하다가 넘어져 팔이 부러졌다. 오른편 팔이었다. 구급차를 기다리는 동안에 소년이 곁에 있는 사람들에게 종이와 볼펜을 빌려달라고 부탁하였다. "이런 처지에 무슨 종이와 볼펜이 필요하니?" 하고 물었더니 소년이 답하였다. "글 쓰는 팔의 뼈가 부러졌으니 왼손으로 글씨를 쓰는 연습을 당장 시작하는 것이 좋을 것 같아서 그럽니다." 그 소년은 팔뼈가 부러졌어도 낙담하지 않았던 것이다.

우리가 살아가는 동안에는 불운과 시련이 닥칠 수 있다. 아니, 이미 와 있는지도 모른다. 그러나 우리의 마음가짐과 신앙심이 그것을 불운이라고 받아들이지 않고 하나님께서 우리들에게 좋은 것을 주시려는 기회인 것으로 받아들이게 되면 오히려 축복의 기회가 된다.

모든 것이 합력하여 선을 이루게 하시는 하나님을 믿는다면 나쁜 일도 좋은 일도 우리에게 기회가 되고 축복이 될 수 있다. 따라서 '나는 할 수 없다'고 말하지 말라! '불가능을 가능케 하는 믿음'으로 나가라! '낙심하면' 실력의 30%밖에 발휘 못 한다.

인간의 생각 중 85%가 부정적, 비창조적, 비생산적이다. 이러므로 하나님처럼 생각하고 말하라! 좋은 일이 일어난다. '잘될 것'이다.

부정적인 생각과 태도, 거짓, 불신앙은 하나님으로부터 멀리하게 만들고, 결국 '복'을 받지 못하게 한다. 가난 의식, 안 되는구나, 이제 끝났다 하는 생각을 버려야 한다.

주님은 베드로에게 '고기를 많이 잡기'를 원하셨다. "깊은 데로 가라" 하신 것은 축복을 '가득해주시겠다'는 뜻이다.

인간의 생각과 주님의 생각이 다르다. 부자의 생각이다.

일본의 물 박사 에모토 마사루의 『물은 답을 알고 있다』에는 "물도 감정에 반응한다"라는 주장이 나온다. "물이 어떤 단어를 듣느냐에 따라 '물의 결정 모양'이 달라진다. 따라서 물을 마실 때 "사랑한다, 고맙다"라고 말하며 마시면 몸에 이로운 '건강한 물'이 된다는 것이다. 반대로 물을 저주하니 곧바로 썩었다는 것이다.

사람도 그렇다. 저주하거나 부정적이면 파괴된다, 따라서 얼마나 믿음과 긍정적인 생각과 자세를 가졌는가가 중요하다!

주님은 창조적이다. 긍정적이다. 주님의 생각을 받아들이라! 좋으신 분이다.

영국에는 진공청소기를 만드는 다이슨(Dyson)사가 있다. 창립자인 제임스 다이슨(61) 회장은 진공청소기를 시장에 내놓기까지 5년 동안 5,127개의 모형을 만들었다. 최종 제품 이전에 5,126번의 실패를 거쳤다. 7전 8기 정도가 아니라 5,216전 5,217기다.

그는 "많은 젊은이가 실수를 저지르면 그 문제를 해결하려고 시도하지 않고 그냥 포기해버리는 것을 많이 보아왔다. 대부분의 사람들은 실수를 바로 실패로 연결시켜 생각한다. 특히 젊은 세대에서 이런 현상은 더 두드러진다. 이들은 실수하는 것을 주저하고 실패에 대하여 이야기하기를 원치 않는다. 누구도 실수하는 것을 원치 않는다. 그렇지만 누구나 때때로 실수를 하기 마련이다. 실수에서 제대로 배운다면, 실수는 발전하기 위한 원동력이 된다"라고 말한다.

또 그는 "성공은 99%의 실패로 이루어진다. 실수나 실패는 발견에 한 발짝씩 다가가는 과정이므로 성공만큼 값진 것이다"라고 말하며, 모든 새내기 개발자들에게 "계속해서 실패하라. 그것이 성공에 이르는 길이다"라고 말한다. 끝없는 혁신, 즉 새 방식만이 발전을 가져온다는 것이다.

그는 진공청소기로 지난해 영국과 미국 등 시장에서 판매 1위를 차지하며 매출 1조 4천억 원을 넘어섰다. 영업이익만 8900만 파운드(약 2천억 원)나 됐다.

이러므로 실패가 '개발의 필수 요소'라는 사실을 깨닫고, 죄의식과 후회로 괴로워하지 말고, 실수와 실패에서 배우고 깨달아 '성공의 디딤돌'로 삼게 되시기를 바란다.

동계올림픽의 이승훈 선수는 1만m, 5천m, 매스 스타트에서 3관왕을 차지했다. 원래 쇼트트랙 선수였으나 파벌로 퇴출 선수가 되었다. 그러나 실패로 끝나지 않았다. 성공의 디딤돌로 삼았다.

스피드스케이팅에서 우리나라 선수가 3관왕에 오른 건 이승훈 선수가 처음이다. 심기일전, 전화위복의 영웅이 되었다!

실패 속에서 얼마든지 성공을 이룰 수 있다. 하나님 중심주의로 나가는 자에게 좌절은 없다.

'믿음'이란? ① 항상 주님이 나와 함께 계신다는 것을 믿는 것이다. ② 바라는 것들의 실상, 다시 말해 약속의 성취를 믿는 것이다.

성경에 보면 요셉도 마침내 '총리'가 되고, '부자'가 되었다.

"우리가 알거니와 하나님을 사랑하는 자 곧 그의 뜻대로 부르심을 입은 자들에게는 모든 것이 합력하여 선을 이루느니라"(롬 8:28)

합력하여 선을 이루시는 하나님을 소망하라! 상한 갈대를 꺾지 않으신다. 회복시키신다.

4.
진정한 부자는 예수 그리스도를
소유한 사람

예수님을 모시고 살아가는 자가 진정한 부자이다.

예수님은 '우리의 보배'다. 예수 그리스도를 모시는 것은 우리가 이 세상에서 살면서 수십, 수백억을 소유한 것보다 더 귀한 보배가 된다.

수백억을 소유했어도 '예수가 없고 영생이 없다면' 그 무슨 소용인가? 만유의 주이신 주님이 '우리의 주인'이 되시며, 지금도 우리를 통치하시고 계시는데 무엇이 부족한가!

생명, 물질, 구원, 영생 천국을 다 주신다. 이러므로 주님만을 믿으시길 바란다.

"나의 하나님이 그리스도 예수 안에서 영광 가운데 그 풍성한 대로 너희 모든 쓸 것을 채우시리라"(빌 4:19)

하나님께서는 가난한 자를 택하사 믿음에 부요케 하신다. "가난한 자 같으나 많은 사람을 부요케 하고 아무것도 없는 자 같으나 모든 것을 가진 자"라고 했다(고후 6:10).

하나님은 '돈'을 악의 근원이라고 말씀하신 적이 없다. "돈을 사랑하는 것이 모든 악의 뿌리"(딤전 6:30)라고 말씀하셨을 뿐이다.

악한 것은 돈을 사랑하는 마음이지, 돈 자체가 아니다. 부자가 되는 것이 나쁜 것이 아니라, 돈에게 지배당하는 것이 나쁜 것이다. 따라서 가족과 이웃과 교회와 나눠쓰는 삶이 필요하다.

하나님은 여러분 모두가 '백만장자'가 되길 원하신다. 부는 '기회의 문제'가 아니라 '하나님의 약속'이다. 부는 올바로 믿는 사람에게 '주어진 몫'이며, 믿음을 가진 사람이라면 누구나 아브라함의 복과 그의 엄청난 재물을 소유할 기회가 있고, 자격이 있다.

믿는 자들을 향한 하나님의 계획은 크고 놀랍다. 사랑하는 자를 통해 많은 일을 하시기를 원하신다. 왜냐하면 왕 같은 제사장, 거룩한 나라이기 때문이다.

이러므로 성경에 나오는 백만장자들의 성공 비결을 충실히 닮아 지킴으로써 여러분과 자녀, 후손들 가운데 백만장자가 많이 나와 하나님의 선하고, 기뻐하신 뜻을 많이 이루게 되시기를 축원한다.

겨울에도 씨를 뿌려야 한다

딤후 4:21-22

겨울에도 씨를 뿌리는 사람이 있다면, 그 사람은 과연 어리석은 사람일까? 그러나 바울은 인생의 겨울을 만나도 여전히 선한 씨를 뿌렸다.

1.
인생의 겨울은 누구에게나 다가온다

바울은 세상 떠날 때가 가까이 왔음을 예감하고 있었다. 그는 "달려갈 길을 다 가고 믿음을 지켰다"라고 했다. 이때 믿음의 아들 디모데에게 "겨울 전에 너는 어서 오라"(21절) 했다. '활동할 수 없는 겨울이 온다'는 뜻이다. 바울이 디모데를 보고 싶어했고, 격려하기 위해서이다.

우리의 젊음이 영원한 것 같아도 인생의 황혼을 넘어갈

때쯤 되면 그것이 얼마나 빠르게 지나갔는지를 깨닫게 된다. 즉, 세상의 것에 미련을 두고 살면 하루살이처럼 단 하루의 꿈을 위해 살다가 가는 어리석은 사람이 된다. 사실 구하기 어려운 것이 때와 사람이다. 때와 사람을 놓치지 말아야 한다. 놓치기 쉬운 것이 바로 때와 사람이다.

성경에 '나사로와 부자 이야기'가 있다. 부자는 살아 있을 때 하나님보다 돈을 더 사랑하고, 호의호식하며, 자기 집 앞에서 구걸하는 나사로를 업신여기며 살았다. 그러나 나사로는 비록 거지였으나 하나님을 사랑하였다. 이들이 죽은 후에 부자는 뜨거운 불꽃에 떨어져 고통과 탄식 속에서 하루하루를 사는 반면에 나사로는 아브라함의 품에서 행복한 나날을 지낸다(눅 16:19-26).

한마디로 힘 있을 때, 잘나갈 때 잘해야 한다. 하나님을 사랑하고, 이웃을 사랑해야 한다. 따라서 돈, 명예, 권력에 눈이 멀어 때와 사람을 놓치지 말아야 한다. 이런 것들 때문에 하나님과 사람을 잃지 말아야 한다.

인생 빨리 간다고 상을 주지 않는다. 앞만 보고 달리지 말고, 옆 사람도 보며 달려야 한다. 특히 주님을 바라보고 함께 달려야 한다. 하루 동안 누릴 권세와 부를 얻으려 하기보다는 영원한 생명을 얻으려는 마음 자세가 필요하다.

2.
겨울에도 씨를
뿌려야 한다

겨울에도 씨를 뿌리는 사람이 있는가 싶지만, 그렇지 않다.

에스키모인에게 냉장고 파는 사람이 진정한 세일즈맨이다. 마찬가지로 겨울에 씨 뿌리는 사람이 진정으로 씨를 뿌리는 사람이다. 프로이다.

바울은 "네가 올 때에 내가 드로아 가보의 집에 둔 겉옷을 가지고 오고 또 책은 특별히 가죽 종이에 쓴 것을 가져오라"(23절) 했다.

인생 겨울 추위를 막아줄 것은 오직 하나님의 말씀밖에 없다고 믿었다. 특히 마지막 영적 전투를 위해선 하나님 말씀만큼 강력한 무기는 없다고 생각했다.

그래서 하나님 말씀으로 더욱 믿음의 무장을 하기 위함이었다. 마지막까지 선한 싸움을 위해서는 내 안팎으로 복음의 씨를 뿌리는 것이 중요하다.

바울은 사실 이 일을 위해 일부러 로마로 압송되기를 원했다. 그리하여 마침내 복음의 씨를 로마에 뿌리고, 한 알의 밀알이 되었다. 그 씨가 온 유럽 전역으로 흩날려 퍼져나갔다.

또한 우리가 살면서 건강의 겨울을 맞이할 때도 있다. 우리는 건강의 겨울에도 씨를 뿌리는 사람이 되어야 한다. 김영하 목사님이 쓴 책『하늘을 담는 사람들』이라는 책에 나오는 감동적인 이야기이다. 86세 할아버지는 아침마다 일찍 일어난다. 자기가 스스로 수프를 만든다. 20㎞ 떨어진 아내 묘를 매일 아침 찾아간다. 바이올린과 수프를 가지고 간다. 수프를 아내 묘 앞에 놓고 바이올린 연주를 하고 묘를 어루만진다. 그리고 아내를 목메어 부른다. 그리고 돌아온다.

이렇게 56살부터 30년간 하루도 빼놓지 않았다는 것이다. 이렇게 하는 이유를 물었다. "아내가 세상을 떠날 때 그렇게 해주기로 약속하였기 때문입니다." 이 할아버지는 '한번 한다고 한 것은 죽기까지 지키겠다'라고 말했다. 아무리 86세가 되었어도 그렇게 한다. 이것이 건강의 비결이 되었다. 슬픔을 이기는 길이 되었다. 건강의 겨울에도 씨를 뿌려야 한다. 몸이 편할수록 건강은 나빠진다. 두 다리가 의사이다.

우리는 겨울의 나이에도 씨를 뿌리는 사람이 되어야 한다.

우리 사회에는 인생 겨울임에도 사랑의 선한 씨를 뿌린 이들이 많다. 또 세계 역사상 최대 업적의 35%는 '60~70대에 의하여 성취되었다'라는 통계가 있다. 사실 일을 즐기는 사람들을 보면 나이와 관계가 없다.

이런 점에 있어서 우리에게 '달란트 비유'나 '이솝우화 개미와 베짱이 이야기'는 의미가 깊다. ① 두 달란트, 다섯 달란트 남긴 종들이 결산할 때 "남겼나이다"(마 25:22)라는 말은 의미가 깊다. 해냈다, 성취했다는 득의만만한 선언이었다. 자본금의 두 배를 남긴다는 것은 쉬운 일이 아니다. 그만큼 열심히 최선을 다해 일하고, 장사했다는 뜻이다. ② 열심히 일한 개미에게 겨울은 조금도 두렵지 않았다. 따뜻한 방에서 마련해놓은 양식을 먹으며 겨울을 무사히 보냈지만, 여름 동안 일하지 않고 노래만 부르고 놀았던 베짱이는 배고픔과 추위에 떨다가 죽었다는 이야기이다.

인생에는 4계절이 있다. 소년기가 인생의 봄이라면, 청년기는 인생의 여름이다. 장년기는 열매를 따먹은 인생의 가을이다.

인생은 그때그때마다 나이에 걸맞게 심어야 한다. 그리할 때 거둔다. 특히 바울에게 있어선 특별한 씨를 뿌리기 원했다.

"전제와 같이 내가 벌써 부어지고 나의 떠날 시각이 가까웠도다"(딤후 4:6) '전제'는 과거 구약 시대 제사 때 드려지는 제물이다. 병들어서가 아니라 순교의 씨가 될 것을 각오하였다.

우리도 순교의 씨를 뿌릴 각오로 하나님 영광을 위해 살아야 한다. 국가와 공동체, 교회를 위해서, 가정과 가족을 위해 남다른 각오로 사명을 감당하고, '꼭 이루고 싶은 선한 일과 역사'를 이루도록 해야 한다. 이웃과 친구와 친척, 형제와 부부간에 그렇다! 특히 이 땅에서 소중한 것은 가족과 친구이다. 지나고 나서 후회한들 무슨 소용이 있는가! 지나고 나서 아쉽다고 하지 말아야 한다.

장차 인생 겨울을 만나 지난 삶을 돌이켜보며, ① 후회함이 없고, "참 그때 잘했다"라고 말할 수 있게 되고, ② 나의 이름이 아름답고 긍정적인 이름으로 기억되도록 해야 한다.

"호랑이는 죽으면 가죽을 남기고, 사람은 이름을 남긴다"라는 말처럼 말이다.

안중근과 같은 이름이 있는가 하면, 이완용과 같은 이름도 있다. 성경에도 아브라함이나 야베스 같은 이름이 있는가 하면, 가룟 유다와 같은 이름도 있다. 따라서 나의 이름이 아름다운 이름으로 기억되고, 전설이 되는 이름으로 기록되기를 힘써야 한다.

3.
인생 겨울 이후
봄이 온다

바울은 "이제 후로는 나를 위하여 의의 면류관이 예비되어 있다"(딤후 4:8)라고 말했다. 이는 '예수 부활'이 '자신의 부활'이 될 것임을 확신한 것이고, 열과 성을 다하여 십자가의 도를 전한 사람으로서 '수고에 대한 상급'을 기대한 것이다.

바울은 십자가의 도를 전하고, 로마서 등 바울서신을 기록하였으며, 디모데, 누가, 마가, 브리스길라와 아굴라 등 제자를 키웠으며, 로마와 유럽 복음화를 위해 스스로 순교의 씨가 된 것이다.

어떤 이들은 안타깝게도 젊은 날에 인생 겨울을 맞는 사람도 있다. 건강을 잃거나 꿈, 사랑, 물질, 사람을 잃는 경우가 있다. 그러나 '이젠 끝이라고 포기할 순간'에 다시 한번 인생의 봄을 맞이하는 이들 또한 적지 않다. 한마디로 7전 8기의 오뚜기 인생도 있는 것이다.

유동부 집사(춘천한마음교회)가 있다. 이 사람은 사업을 하다가 7번 망하고, 8번째 일어난 사람이다. 그는 어려서부터 가정형편이 어려워 16살 때부터 생활전선에 뛰어들었다. 첫 직장이 구로공단에 있는 석유난로, 연탄보일러 만드는 철공소였다. 18살쯤 되니 소자본으로 자기 장사를 하고 싶은 마음이 굴뚝같았다. 그때 우연히 제과점을 알아보게 됐고, 먼저 아는 선배 소개로 춘천의 한 빵집에 취직해 제빵기술을 배우게 되었다.

급여는 안 받는 조건으로 갔고, 당시 먹여주고 재워주며 제빵 기술만 배울 수 있다면 괜찮은 조건이라고 생각했다. 새벽 4시 반부터 밤 11시까지 빵을 만들고, 배달하는 등 육체노동이 고됐다.

그 당시 인생이 참 곤고해서 일을 마치면 춘천 시내를 배회하곤 했는데, 그때 알게 된 이가 현재 유 집사가 다니는 한마음교회 김성로 목사 제자였다. 그 제자의 전도를 받아 예수를 믿게 된 그는 그 후부터 열심히 제자훈련을 받아 성경암송도 상당히 많이 하게 되었다.

그 후 드디어 25살에 첫 제과점을 개업했다. 그러나 얼마 못 가 문을 닫아야 했고, 그때부터 안 해본 게 없었다. 수퍼마켓, 책 대여점, 우유 대리점, 두 번째 제과점, 식품 제조업까지 닥치는 대로 했다.

그렇게 약 20여 년을 손을 대보았지만 다 잘 안되었다. 마음이 지옥이니, 신앙도 곤두박질했다. 사업이 잘될 때는 예수님이 너무 감사하고 자랑스러워서 전도도 열심히 하며 다녔는데, 나락에 떨어졌다. 이러할 때 때마침 교회에서 신앙 수련회가 있었다. 거기서 다시 한번 부활의 주님을 체험하게 된다. 특히 그동안 암송으로 영혼에 심어놓은 말씀의 씨가 떠올랐다.

"두려워하지 말라 내가 너와 함께 함이라 놀라지 말라 나는 네 하나님이 됨이라 내가 너를 굳세게 하리라 참으로 너

를 도와주리라 참으로 나의 의로운 오른손으로 너를 붙들리라"(사 41:10)

"죽은 자 가운데서 살아나신 후에야 제자들이 이 말씀하신 것을 기억하고 성경과 예수께서 하신 말씀을 믿었더라"(요 2:22)

"무릇 하나님께로부터 난 자마다 세상을 이기느니라 세상을 이기는 승리는 이것이니 우리의 믿음이니라"(요일 5:4)

예수 부활이 역사적인 사건이고, 부활을 믿는다면 말씀대로 세상에서 가난과 저주와 사망을 이기리라 믿었다.

한마음교회 목사님이 위로와 힘을 주고, 교우들도 관심을 갖고 물심양면으로 돕고 기도해주었다. 여기서 유 집사는 부활 신앙으로 재기의 의지를 불태웠고, 그런 유 집사를 보고 같은 교회 한 자매가 춘천교육대학교 안에서 카페를 운영하고 있었는데 그곳의 한 공간을 내어줄 테니 다시 사업을 시작하라고 제안해 용기를 다시 갖고 새롭게 도전하였다.

이때 그는 마음먹기를, 먼저 하나님을 기쁘게, 목사님을 기쁘게, 직원들을 기쁘게, 고객들을 기쁘게 해드리겠다는 자세와 철학을 세웠다. 인간관계 회복을 위한 씨 뿌림이다!

그렇게 다시 시작한 사업이 지금은 직원을 60여 명이나 둔 중견 제과업체가 되었다. 특히 전국에 알려진, 특성화

된 제과점이 되어 주문이 쇄도하고 있다는 것이다. 왜냐하면 군대 갔다온 아들이 흉선암에 걸려 햄버거 하나만 먹어도 가려움증이 나타나는데, 그 아들이 먹어도 가렵지 않은 빵을 개발한 것이다. 화학첨가물이 전혀 안 들어간 빵이다. 이 빵은 알레르기나 아토피, 피부질환, 변비, 암, 소화불량 등으로 고생하는 사람들이 먹어도 거부반응이 없는 빵이다. 이 소문이 삽시간에 방송을 타고 알려져서 이제는 유명한 제과점이 되어 눈코 뜰 새 없이 바쁘다. 한마디로 '7전 8기의 승리'인 것이다.

이 간증이 「신앙계」에 실렸다. 이 기사를 정리한 최선미 기자는 이렇게 썼다. "교인들은 유동부 대표를 두고 순종을 잘한다고 한다. 그만큼 하나님을 향한 전적인 신뢰가 그의 인생을 지배하고 있다. 그의 성공 비결은 '부활하신 예수님을 만난 것'이다. 그것으로 이미 게임은 끝났다!"라고 적었다.

인생의 부활을 맞이하려면 하나님과의 관계 정립이 중요하다. 그리할 때 형통한다! 다시 일어날 수 있다. 합력해 선을 이뤄주시는 것이다. 아울러 인간관계도 씨를 잘 뿌리고 거둬야 한다.

"데마는 이 세상을 사랑하여 나를 버리고 데살로니가로

갔고, 그레스게는 갈라디아로, 디도는 달마디아로 갔고, 누가만 나와 함께 있느니라 네가 올 때에 마가를 데리고 오라 저가 나의 일에 유익하니라"(딤후 4:10-11)

"버리고 갔다"라고 했다. 고약한 일이다. 우리 사회에는 기회주의자들이 많다. 이 땅에는 윤리와 도덕이 있다. 은혜를 모르는 배신은 덕이 아니다. 배신자의 대명사는 가룟 유다이다. 기회주의자의 대명사는 데마이다.

그러나 11절에 나오는 누가와 마가는 달랐다. 바울 곁을 끝까지 지켰다. 데마를 비롯해 측근 여럿이 바울 곁을 떠났지만, 누가는 의사로서 바울과 마지막까지 함께하였다. 바울을 대신해 편지를 써서 보낸 사람이다. 아플 때도, 슬플 때도 늘 함께하였다. 주님이 함께하듯 그렇게 함께하는 사람이었다.

바울은 디모데에게 "마가를 데려오라" 했다. 마가는 바나바의 조카로서 1차 전도여행을 같이한 사람이다. 그런데 나약하여 중간에 돌아갔던 사람이다. 그래서 바울이 2차 전도여행을 시작할 때 바나바가 또다시 마가를 대동하려 하자 바나바와 다투고, 헤어지고 말았다. 그런 마가를 바울은 "마가는 자신에게 유익한 자였다"라고 말했다. 끝까지 고난에 함께 참여했던 것이다.

마가는 고난당하는 기독교인들에게 용기와 소망을 주는 복음서 마가복음을 집필한 사람이다. 마가는 말년에 알렉산

드리아교회를 세우고 이집트에서 선교하다가 순교한 것으로 전해지고 있다.

상한 갈대와 같았던 겁쟁이 마가의 모습을 떨쳐버리고 자랑스런 성공자가 된 마가가 보여준 승리는 성령과 더불어 사는 우리 모두가 가져야 할 믿음의 자세인 것이다. 우리는 할 수만 있으면 모든 이들로부터 좋게 기억되고, 칭찬과 존경을 받을 수 있도록 노력해야 하는 것이다.

미국의 대통령 에이브라함 링컨은 "사람은 지금까지 살아온 자기 얼굴 모습에 대한 책임이 있다"라고 말했다. 지금 우리의 얼굴은 그동안 살아온 삶의 모습이라는 뜻이다. 그래서 어리석은 자에게 인생 겨울은 싸늘하고 춥지만, 지혜로운 자의 인생 겨울은 황금기이다. 따라서 지금이라도 좋은 것을 심으라는 말이다.

그렇다면 살아 있는 지금 이 시간에 무엇을 심어야 할 것인가? 인생 겨울을 만나기 전에 선한 씨를 뿌려야 한다. 현재 인생 겨울을 지난다 해도 늦지 않았다. 믿음의 씨, 기도의 씨, 말씀의 씨, 성실과 충성의 씨를 뿌리도록 하라.

특히 영육간에 씨를 잘 뿌려서 계산할 때 "잘하였도다 착하고 충성된 종아 네가 적은 일에 충성하였으매 내가 많은 것을 네게 맡기리니 네 주인의 즐거움에 참여할지어다"(마 25:23) 하는 칭찬과 함께 상급을 받도록 해야 할 것이다. 이와 같은 결산은 서로에게 기쁨이다. 주인과 종들이 함께 누리는 즐거움이다.

그리하여 남은 생애에 적자가 아닌, 남기는 흑자 결산을 하기를 바란다. 아름다운 신앙과 삶의 결산, 승리의 결산이 달려갈 길을 향해 달음질하는 우리 모두에게 있게 되기를 희망한다.

위대한 일을 바라며

시 126:1-6

기원전 538년, 이스라엘 백성들이 거의 70년 동안의 망명 생활을 끝내고 본토로 귀환했을 때, 이 또한 중대한 사건이었다.

그러면 이와 같이 꿈같은 위대한 일을 경험하기 위해 우리는 어떻게 해야 하는가?

1.
믿음 안에서 소망을
가져야 한다

"야훼께서 시온의 포로를 돌려보내실 때에 우리는 꿈꾸는 것 같았도다 그때에 우리 입에는 웃음이 가득하고 우리 혀에는 찬양이 찼었도다 그때에 뭇 나라 가운데에서 말하기를 야훼께서 그들을 위하여 큰일을 행하셨다 하였도다 야

훼께서 우리를 위하여 큰일을 행하셨으니 우리는 기쁘도
다"(시 126:1-3)

바벨론 포로 귀환의 벅찬 감격의 회상이다. BC 536년에
바벨론 제국이 바사의 고레스에게 망하고, 70년 만에 고국
귀환이 이루어진 것을 말하는 것이다.

꿈꾸는 것 같았다는 것은 예루살렘이 멸망할 때 유다 마
지막 왕인 시드기야 왕이 눈이 뽑혀 짐승처럼 끌려가고, 하
나님의 성 예루살렘은 돌 위에 돌 하나도 남지 않고 다 무
너져버렸다.

예루살렘의 지도자들은 다 포로로 잡혀가 바벨론 이곳저
곳으로 흩어져 살게 되고, 예루살렘에는 이방족들이 들어와
살게 될 때 이렇게 예루살렘이 회복되리라고는 상상도 못
했다. 또한 영원히 계속될 것만 같았던 바벨론이 망한 것도
상상할 수 없었던 일이다.

여기서 우리가 알 수 있는 것은 영원한 강자는 없다는 것
이다. 영원한 강자요, 승리자, 역사의 주관자는 예수 그리스
도뿐이다.

이렇게 꿈꾸는 것 같았다는 그 꿈을 꾼 자가 바로 예레미
야 선지자였다. 70년이 지나면 이스라엘 자손이 포로에서
돌아와 그 땅과 성읍을 다시 재건할 것이라는 꿈을 꾸었던
것이다(렘 25:11, 29:10).

그러기에 예언자 예레미야는 아무리 포로로 잡혀왔다 할지라도 그곳에서 낙심하지 않고, 소망을 품고, 미래에 이루어질 꿈을 잃지 않으면 '하나님의 때가 찰 것'이고, 그때가 되면 세상에 흩어진 백성들이 예루살렘으로 모일 것이라고 했다.

우리나라도 과거에 일본의 식민지 통치하에서 얼마나 많은 고통과 수모를 당했는가? 얼마나 치욕스러운 과거인지 벌써 80여 년이 지난 지금까지도 우리가 그 상처를 다 치유받지 못하고 있지 않은가? 최근 한일 관계가 이처럼 틀어지게 된 원인은 바로 위안부 문제와 강제징용 문제 때문이다. 그 당시 고통당한 우리 선조들을 생각할 때 참으로 가슴 아픈 일이다.

아브라함은 백 세가 되어 얻게 될 아들을 위해 수십 년을 기다렸으며, 요셉은 애굽의 노예로 팔려가면서도 꿈을 잃지 않았고, 하나님이 주신 꿈을 잃지 않았기에 항상 정직하고 공의를 잃지 않았던 것이다. 그리하여 마침내 총리대신 자리에 오르고, 가족과 민족을 살렸던 것이다.

따라서 오늘 우리의 형편이 어떠하든지 간에 우리도 믿음 안에서 '큰 꿈'을 꾸고, 아름다운 비전을 갖고 살아가야 한다.

비록 현실적으로 실현 불가능하다 할지라도, 단 1%의 가능성만 있다면 결코 포기하거나 좌절하지 말고, 반드시 이루어질 줄 믿고, 먼저 감사하고 나감으로 살아 계신 하나님을 경험하고, 영광 돌려야 하는 것이다.

비전(Vision)이란? '먼저 멀리 보는 것'이다. 그런데 그냥 보는 게 아니다. 망상이 아니다. 자기의 욕심에 기초를 두는 야망이 아니다. 믿음의 눈으로 보는 것이다. 그렇기 때문에 "믿음은 바라는 것들의 실상이요, 보지 못하는 것들의 증거"(히 11:1)라고 말씀하고 있는 것이다. 따라서 믿음의 눈을 뜨기를 바란다.

"이 세상은 꿈과 환상을 가진 사람에 의해서 만들어진다"라고 하였다. 성경에서도 '꿈이 없는 백성은 망한다'라고 말씀한다.

이와 같이 개인이나 민족이 꿈과 환상을 가질 때 그들 앞에 꿈꾸던 세계가 펼쳐지는 것이다.

조용기 목사님은 일찍이 지구를 품었다. 대조동 천막교회 시절부터 '꿈과 열정'으로 세계 최대 교회를 꿈꿨다. 생각을 품었다. 조용기 목사님은 '오대양 육대주'에 복음을 전하셨다. 지구를 125회를 도셨다. 교민, 원주민 포함 743개 교회, 한국에서만 5백 교회(현재 350여 개)를 개척케 하고, 세우셨다. 몸을 아끼지 않고, 쉼 없이 복음을 전하셨다. 살아생전에 '한 평의 땅'이라도 더 하나님 나라를 넓히고, '한 영혼'이라도 더 구원하겠다는 '의지'요, '열정'이었다.

선교와 교회 개척은 하나님의 뜻이다. 이번에 우리 교회를 방문한 스리랑카 제이콥 샤시 목사는 조용기 목사님처럼 큰 꿈을 가진 사람이었다. 스리랑카 교회를 한국 교회처럼 부흥시키겠다는 비전이 있다. 3만 3천 개 마을에 3만 3천 개 교회를 세우겠다는 것이다.

그 꿈을 가지고, 교회 건축을 시작한 후 현재 18개의 교회를 세웠다. 우리 교회도 협력하여 2022년 3월 현재 다섯 개 마을에 각각 교회를 세워주었다. 앞으로 열 개를 세워줄 계획을 가지고 있다.

『나의 문화유산답사기』를 쓰신 유홍준 작가는 이렇게 얘기했다. "아는 만큼 보인다." 따라서 아이들에게도 견문을 넓혀주시기를 바란다. 성경, 문학, 영화, 여행 등 다양한 경험이 필요하다. 아브라함은 '보는 만큼 동서남북 비전'을 보았고, '믿는 만큼 기적'을 가져왔다.

하나만 알고 있는 것이 아니라 하나의 이면에 있는 새로운 것을 바라보는 눈! 그 눈을 가질 때 창조적인 신앙과 삶을 살 수 있는 것이다.

비전이 없는 사람이 '성공하고 존귀하게 되는 기적'은 없다. 이러므로 우리 가슴에는 우리를 설레게 하는 찬란한 비전이 있어야 한다. 이민을 가야만 비전을 새롭게 품을 수 있는 것이 아니라, 지금의 처지와 상황에서 비전을 새롭게 품어야 한다.

직장이 없으면 허드렛일부터 시작하면 된다. 지금 힘들고 어려워도 '비전'을 가지고 새롭게 시작하면 누구에게나 '꿈'은 현실화될 수 있는 것이다.

사람은 두 번 태어난다. ① 첫 번째는 모태에서 태어나는 날이고 ② 두 번째는 자기가 이 세상에 태어난 뜻, 곧 '자기 사명'을 발견한 날이다. 자기 사명을 발견한 사람이 운명을 바꾸고, 가정을 바꾸고, 나라를 바꾼다.

2.
내일을 위해
결단을 내리라

"야훼여 우리의 포로를 남방 시내들같이 돌려보내소서 눈물을 흘리며 씨를 뿌리는 자는 기쁨으로 거두리로다"(4-5절)

이스라엘의 완전한 회복을 위한 간구이다. 동시에 이 말씀은 아직도 페르시아 땅에 거주하며 귀환을 머뭇거리고 있는 이스라엘 자손들에게 속히 귀환의 결단을 내리라는 것이다.

실제로 두 차례에 걸친 귀환에도 불구하고, 아직도 이스라엘 후손들이 거주하고 있었던 것은 그들이 수십 년 동안 일구어놓은 재산과 삶의 터전이 페르시아에 있어서 풍족하게 살고 있는데 막상 재산과 삶의 터전을 몽땅 버리고 황폐한 예루살렘으로 간다는 것이 쉬운 일이 아니었던 것이다.

지금 나 같으면 어떻게 할까? '예, 바로 가겠습니다'일까? 아니면 '죽어도 못 갑니다'일까? 더욱이 70년의 세월 중에 예루살렘에서 온 선조들은 거의 다 죽고, 그들은 새 시대의 후손들이다. 한마디로 예루살렘의 영광을 알지 못하는 후손들에겐 예루살렘은 황폐한 과거의 땅에 불과했다.

이처럼 민족을 향한 하나님의 거룩한 꿈을 잃어버리고, 현실에 만족하면서 살아가려는 수많은 동족을 향해 "모든 것을 포기하고, 하나님께 내려놓으라"라고 한다. 그러나 시간이 지나고 상황이 변하게 될 때 회복에 대한 꿈으로 가득 찼던 그들의 마음은 식어졌고, 그들은 현실에 안주해 주저앉아버리고 말았던 것이다.

이러므로 패배주의, 나약한 마음, "이 모양 이 꼴로 살다 죽으련다" 하면 안 된다. 오늘 우리는 하나님 나라에 대한 꿈과 비전을 잃어버리고, 현실과 타협하며 살아가고 있는 것은 아닌지?

내일을 위해 의지를 가지고 결단하고 나가야 한다. 희망을 안고 나가야 한다. 희망의 씨를 안 뿌리고 어떻게 곡식을 얻을 수 있단 말인가?

도전하라는 것이다. 하나님께는 늘 우리에게 찾고 구하고, 두드리며 너의 갈 길을 나가라 하신다.

2,000년간 나라 없이 유리방황하던 이스라엘은 19세기 말부터 시온이즘 운동(예루살렘과 이스라엘로 돌아가자)을 태동시켜 2차 세계대전이 끝난 후, 1948년 5월 15일 재건국함으로써 완성하였다. 이를 정면교사로 삼은 팔레스타인도 그들과 같이 '100년, 500년, 1,000년이 걸려도 이스라엘에 빼앗긴 땅으로 돌아가리라!' 하고 결의하고 움직인다.

자유와 해방을 얻기 위해서는 때론 민족 지도자가 앞장서고 집단이 요구하고, 때로는 만나서 '로비'를 해서라도 행동해야 하는 것이다. 가만히 있는다고 이뤄지는 게 아니다. 죄와 가난과 저주, 질병도 가만히 있는다고 저절로 해결되는게 아니다. 보다 나은 내일을 위해 나가겠다는 결단과 의지가 없다면 아무것도 이루지 못한다.

위대한 일은 언제나 '위대한 결단'에서 시작된다. 먼저 세상 것에 취해 살던 것을 과감히 끊고, 하나님 성전에 나가야 한다.

아브라함처럼, 여호수아처럼, 바울처럼 '세상 것을 분토와 같이 버리고' 맥아더 장군처럼, 또 최근 우주산업 개발에 앞장서는 재벌 중 테슬라 창업자 일론 머스크, 아마존 창업자 제프 베이조스처럼 말이다. 아폴로 달 착륙 이후 부진한 우주개발에 이들이 앞장서 치고 나가고 있다. 서로 각축을 벌이고 있다. 때론 북한 김정은도 치고 나가고 있다.

이러므로 우리도 치료, 회복, 사랑, 땅 등 원하는 것을 얻기 위해서는 얻기 위해 나가야 한다. 아직 하나님을 만나지도 않고, 어찌할 수 없다는 패배의식과 열전의식으로 살고, 열정과 기쁨과 감격이 없고, 꿈을 잃어버린 채 현실에 매여 하루하루 안타깝게 살아가고 있는 것은 아닌가?

생각과 마음을 변화시켜라. 버려야 할 것 중에 하나가 바로 옛 구습이다. 새 달력, 수첩, 가계부만 바꿔선 안 된다. 먼저 내가 버려야 할 구습은 무엇인가 살펴보라. 잘못된 인생관, 신앙관, 가치관, 나쁜 습관, 특히 나쁜 생각과 마음 등 말이다. 왜냐하면 생명이 마음의 생각에서 나오기 때문이다.

"모든 지킬 만한 것 중에 더욱 네 마음을 지키라 생명의

근원이 이에서 남이니라"(잠 4:23)

그리고 적극적인가, 소극적인가, 긍정적인가 부정적인가, 인색한가, 부요 의식이 있는가, 겸손한가, 교만한가, 자신감이 있는가, 열심히 사는가, 대충 사는가, 양심이 있는가, 양심 불량인가, 정직하지 못한가, 의로운가, 불의한가, 나는 선한 자인가, 악한 자인가?

한번 노트에 적어놓고 살펴보시기를 바란다. 그리고 ○/✕를 해보라! 그리고 부족하고, 잘못된 것이라 생각되면 ✕표를 하고 지워버리기를 바란다.

우리는 잃어버린 첫사랑을 회복하고, 하나님께서 부르시는 거룩한 예루살렘을 향해 '꿈과 비전'으로 무장하여 힘차게 새롭게 달려가야 한다. 성령은 일하신다. 또 행동하게 만든다!

'이젠 끝이다, 죽었다' 하며 바벨론에 포로로 잡혀갔지만, 비록 폐허가 된 예루살렘이 지금은 어렵고 힘들고 고통과 환난의 장소일지라도, 농부가 내일을 바라보며 씨앗을 뿌리듯 피와 땀과 눈물로 예루살렘 성전 재건을 위한 씨앗을 뿌린다면 하나님께서는 반드시 기쁨의 열매를 맺게 해 주실 것이니 그 약속을 믿고, 바벨론의 삶을 정리하고 광야로 떠나라는 것이다.

앞으로 나가는 게 일단 중요하다. '천리 길도 한 걸음부터'

이다. 태산이 높아도, 오르고 또 오르면 못 오를 게 없다. 누구든지 좋은 환경과 조건에서만 항상 농사지을 수는 없다.

6절에서는 울며 씨를 뿌리러 나가는 자(할루크 엘레크 우바크)가 나온다. 할루크는 '진행하다, 어려워도 앞으로 나가다'라는 말이다.

하나님의 약속을 믿고, 환경이 만만치 않아도 눈물로 씨앗을 뿌리며 나가는 자를 하나님께서는 먼지와 잿더미뿐인 땅에서도 수고를 헛되게 하지 않으신다.

바울과 초대 교인들은 포로로, 노예로 로마에 끌려갔으나 오히려 그들이 로마를 정복했다. 티도 장군은 무력으로 이스라엘을 정복했으나, 바울과 초대 교인들은 때가 되니까 군사뿐만 아니라 정치, 경제, 문화, 종교, 교육 등 전반에 걸쳐 정복했다.

유럽은 지구촌의 지정학적 중심이다. 과거에는 유럽에 지배받지 않은 나라가 거의 없었다. 21세기에도 마찬가지다. 아프리카, 중동, 아시아, 오세아니아, 아메리카 등에도 영향력이 여전하다. 영국 연방 52개국이다. 세계 정치, 경제, 군사 우위를 점하고 있다.

하나님은 적극적, 진취적, 전투적이다. "네가 밟은 땅은

다 주겠다"(수 1:3)라고 하신다!

3.
눈물이 기쁨이
되리라

"울며 씨를 뿌리러 나가는 자는 반드시 기쁨으로 그 곡식 단을 가지고 돌아오리로다"(6절)

정녕 기쁨으로 돌아오리로다라는 말은 울면서 생명 같은 씨앗을 비가 확실히 온다는 상황이 아닐지라도 믿음으로 뿌린 자는 하나님께서 반드시 기쁨으로 열매를 수확하여 돌아오게 할 것이라는 말이다.

그렇다. 분명한 사실은 예수님 안에 있는 사람들은 행복한 사람들이다. 왜냐하면 축복과 응답의 약속이 있기 때문이다.

따라서 우리는 감사와 기쁨 속에서 살아야 한다.

"야훼께서 우리를 위하여 큰일을 행하셨으니 우리는 기쁘도다"(3절)

보라! 하나님께서 큰일을 행하셨으므로, 기뻐하라 하였다! 그러면 큰일이 무엇인가? 바벨론에서 포로생활을 하고 있던 시온의 백성들을 예루살렘으로 돌아오게 하셨다는 것이다. 그래서 이게 꿈인가 생시인가 하면서 너무나 기뻐서 춤을 추며 찬양하며 돌아왔다는 것이다.

사실 이것이 얼마나 기쁜 일인가? 남의 압제하에서 살아가는 것은 정말 고통스럽고 치욕스러운 일인데, 그런 상황에서 해방되면 얼마나 기쁘겠는가?

우리도 죄와 사망과 지옥의 삶으로 고통받을 수밖에 없었는데 예수로 구원받아 영원한 영광의 나라를 누릴 사람들이 되었으니 얼마나 기쁜가!

그리고 동시에 성령께서 위로부터 내려오는 평강과 위로와 소망으로 채워주시니 얼마나 기쁘고 힘이 되는가!

따라서 영육간에 구원받았으므로 기뻐해야 한다.

오늘 오후 우리 교회 홍○선 권사님이 내 사무실에 오셨다. 기쁜 소식이란다. "손주 보고 싶었는데, 수년 동안 아이가 안 들어섰는데, 들어섰다"라고 했다. 소원을 두고 기도했는데, 응답해주셨다. 번성의 축복이다.

신○일 장로는 외식업체 사장이다. 코로나 시절임에도 30% 성장을 가져왔다. 아울러 중소기업청 수상까지 했다.

최○영 장로도 볼트 판매 사업을 하는데, 28% 성장을 가져왔다고 한다. 이 세 사람 모두 다 믿음으로 교회 봉사하며 사는 분들이다.

이처럼 믿음으로 산다는 것은 영원한 곳에 소망을 두고
살기 때문에 '낙심'하지도 않고, 모든 어려움과 좌절을 극복
해나가는 것을 말한다.

삶의 어려움과 고통과 고난이 있는가? 이 모든 것을 딛고
일어설 수 있는 것은 예수 그리스도를 믿는 믿음을 통해 일
어설 수 있다는 것이다.

"그러므로 너희에게 구하노니 너희를 위한 나의 여러 환
난에 대하여 낙심하지 말라 이는 너희의 영광이니라"(엡
3:13)

우리가 설령 억울한 일을 만나고 환난과 핍박을 당해도
원망, 불평, 저주, 증오하지 않는다. 왜냐하면 앞에서 말씀
드린 대로 영광의 나라가 있으니까 말이다. 또한 성령께서
우리를 도우셔서 이기게 하시니까 드리는 말씀이다.

"근심하는 자 같으나 항상 기뻐하고 가난한 자 같으나 많
은 사람을 부요하게 하고 아무것도 없는 자 같으나 모든 것
을 가진 자로다" 우리는 근심하는 자 같으나 항상 기뻐하고,
아무것도 없는 자 같으나 모든 것을 가진 자이다(고후 6:10).

또 "그러나 이 모든 일에 우리를 사랑하시는 이로 말미암
아 우리가 넉넉히 이기느니라"(롬 8:37) 따라서 우리는 분명

히 성령 안에서 아무것도 없어도 감사할 수 있고, 기뻐할 수 있고, 또 모든 것을 이길 수 있는 것이다.

또한 이미 많은 것을 누리고 있고, 더더구나 영원한 영광의 나라를 보장받은 사람들이라는 사실을 기억하며, 언제 어느 때 어느 상황에서도 늘 감사하고 기뻐하며 살아가는 복된 인생이 될 수 있는 것이다.

이것은 로또라고 불리는 강남 개포동 재건축 아파트 당첨과도 비교할 수 없는 것이다. 천국 백성이 된 것은 '격'이 다르고, '차원'이 다르다. 그야말로 영원토록 완전한 복과 기쁨과 영광을 누리게 된다.

사실 요즘 살기가 쉽지 않다. 어렵다. 그럼에도 불구하고 이러한 현실 속에서 우리가 정말 기뻐하지 않으면 안 될 가장 중요한 이유는, 우리에게는 영광스러운 미래가 있다는 것이다.

"눈물을 흘리며 씨를 뿌리는 자는 기쁨으로 거두리로다 울며 씨를 뿌리러 나가는 자는 반드시 기쁨으로 그 곡식 단을 가지고 돌아오리로다"(5-6절)

그러므로 우리가 주님을 진실로 믿는다면 '그 믿음'으로 '그 영광된 미래'를 내다보며 감사와 기쁨으로 열심히 살아가길 바란다.

왕은 궁전보다, 패션보다, 음식보다, 보물상자를 더 좋아한다. 하나님은 우리를 보물로 아신다. 우리를 보물로 여기시니 좋으신 하나님, 사랑의 하나님, 능력의 하나님께서 우리에게 반드시 좋은 날을 주실 것이다.

그러므로 끊임없이 복음의 씨앗, 부흥의 씨앗, 말씀의 씨앗을 이 땅에 뿌리며 나가시기를 바란다. 그리하면 눈에 보이는 것이 아무것도 없고, 손에 잡히는 것 없고, 절망스러운 현실뿐일지라도 정직하고 진실하신 능력의 하나님께서 반드시 그 열매를 맺게 하되 30배, 60배, 100배의 축복을 천 대까지 주실 것이다. 우리를 향한 하나님의 뜻은 생육, 충만, 번성, 정복, 다스림이다. 이러한 역사가 개인과 가정과 공동체 안에서 일어나게 되시기를 축복한다.

| 제2장 |

영육간의 전쟁에서 이기는 삶

사면과 복권

요 3:16-17

최근 우리 정치계와 사회에서 회자되고 있는 단어가 바로 사면과 복권이다.

사면은 무엇인가? 한마디로 지은 죗값으로 징역형을 살고 있는데, 그 형 집행을 면제시켜주는 것을 말한다.

1.
모든 사람이
죄인이다

사실 죄 없는 사람은 없다. "모든 사람이 죄를 범하였으매 하나님의 영광에 이르지 못하더니"(롬 3:23) 말씀했다.

어느 현자는 말하길, "작은 도둑은 감옥에 가 있고, 큰 도둑은 재벌이고, 한두 사람 죽인 자는 감옥에 있고, 수많은 사람을 죽인 자는 영웅이다"라고 했다.

그러면 그리스 왕, 이집트와 인도에 걸쳐 광대한 땅을 정복하고 대제국을 세운 알렉산더는 과연 영웅인가, 살인자인가. 나폴레옹은 영웅인가, 살인자인가. 푸틴은 영웅인가, 학살자인가! 웃지 못할 아이러니요, 참으로 슬픈 일이다.

이 세상에 사는 인간들은 '영웅'이든, '재벌'이든, 아니면 '평범한 사람'이든 간에 죄를 짓고 살고 있다. 말로 죄를 짓고, 마음과 생각으로 죄를 짓고, 손과 발로, 몸으로 죄를 짓고 살고 있다.

대체로 마음은 죄짓지 않고 살고 싶어도 실제는 그렇지 못한 것이 우리들의 삶이다. 그래서 고백하기를 "마음은 원이로되, 육신이 연약함으로 죄를 범하고 있다"라고 합리화하고, 변명하고 있는 게 사실이다. 그래서 바울도 탄식했다. "오호라 나는 곤고한 사람이로다 이 사망의 몸에서 누가 나를 건져내랴"(롬 7:24)

인간은 죄의 문제를 해결하지 않고는 결코 자유로울 수가 없다. 죄의 삯은 사망이기 때문이다. 반드시 그 죗값을 치르게 되기 때문이다. 그러기 때문에 모두가 특별사면이 필요하다.

러시아 문호 도스토예프스키는 왕의 특별사면으로 사형

직전에 형을 면한 적이 있다. 젊은 시절에 급진적 공산주의 모임에 참여했다가 모반죄로 붙잡혀 사형선고를 받았다. 그러나 당시 차르 니콜라이 1세는 체포된 지식인들을 사형에 처할 생각은 없어서, 총살형이 집행되기 직전에 형 집행을 중지시키고 시베리아에 유형을 가는 것으로 감형시킨 일이 있다. 죽음의 문턱까지 갔다가 살아나온 것 때문에 도스토예프스키는 '공포와 두려움에 질려 머리털이 백발이 되었다'라고 한다.

세상 사람들은 마치 감옥에 갇혀 있는 사형수와 같다. 사형수에게는 '돈'이나 '명품'이 그다지 중요하지 않다. 감옥 안에서 '남보다 더 맛있는 음식'을 먹고, '좋은 옷'을 입고, '좋은 침대에서 잔다' 하더라도, '운명'이 바뀌지는 않는다. 그 죄의 문제가 해결되지 않는 한 불쌍한 존재이다. 사형수에게 절실히 요구되는 것은 사면이다.

그래서 우리의 모든 죄를 청산하기 위해서 예수님께서 십자가를 지신 것이다. "그의 십자가의 피로 화평을 이루사 만물 곧 땅에 있는 것들이나 하늘에 있는 것들이 그로 말미암아 자기와 화목하게 되기를 기뻐하심이라"

이 세상에서는 죄를 숨기거나 감출 수는 있으나, 그러나 언젠가 반드시 드러나게 되는 것이다. 지금 아니라도 장차 심판 때에 그 대가를 치를 것이다. 그러기에 반드시 그 죄를 청산해야 하는 것이다.

2.
죄를 스스로 인식하는 것이
구원의 시작이다

갈릴리 바다에서 '만선의 기적'을 체험한 베드로는 예수님의 권능을 보고 믿음의 눈이 열려 고백했다. "주여, 나를 떠나소서 나는 죄인이로소이다"(눅 5:8)라고 했다. 믿음의 눈이 열려서 예수님을 보게 되었고, 자신의 존재를 보게 되었다.

이사야도 그랬다. "그때에 내가 말하되 화로다 나여 망하게 되었도다 나는 입술이 부정한 사람이요 나는 입술이 부정한 백성 중에 거주하면서 만군의 야훼이신 왕을 뵈었음이로다 하였더라"(사 6:5)

고난당한 욥도 그랬다. "내가 주께 대하여 귀로 듣기만 하였사오나 이제는 눈으로 주를 뵈옵나이다. 그러므로 내가 스스로 거두어들이고 티끌과 재 가운데에서 회개하나이다"(욥 42:5-6)

하나님의 현존 앞에서 자신이 티끌과 재임을 발견하고 '회개'하였다. 이처럼 자신이 죄인임을 인식하는 자는 복되다. 거룩한 하나님을 아는 것이 곧 죄인된 나를 아는 것이다.

여러분은 하나님 앞에 엎드려 "주여 나를 떠나소서 나는 죄인이로소이다"라고 한 적이 있는지 돌아보라! 나는 죄인이라고는 하였지만 나를 떠나달라고, 나로 망하여 죽게 되었다는 영혼의 탄식은 없었던 것 아닌가? 너무 죄인이라 감히 은혜를 구하지 못하고, "떠나달라"라고 하는 깊은 회개가 과연 있었는가 성찰해보라!

예배 의식 중에 죄의 고백 기도 시간과 죄 사함 받은 선언은 중요하다. 회개와 용서, 간청의 고백 기도를 드리는 시간이 참 귀하고, 소중한 시간이다. 말씀은 죄인임을 고백하는 자에게 주신 말씀이다.

"만일 우리가 우리 죄를 자백하면 저는 미쁘시고 의로우사 우리 죄를 사하시며, 모든 불의에서 우리를 깨끗케 하실 것이요"(요일 1:9)

"내가 그들의 죄악을 사하고 다시는 그 죄를 기억지 아니하리라 야훼의 말이니라"(렘 31:34)

"그러므로 이제 그리스도 예수 안에 있는 자에게는 결코 정죄함이 없나니"(롬 8:1)

"이는 그리스도 예수 안에 있는 생명의 성령의 법이 죄와 사망의 법에서 너를 해방하였음이라"(롬 8:2) 아멘!

"허물의 사함을 받고 자신의 죄가 가려진 자는 복이 있도다…(중략)…주께 내 죄를 아뢰고 내 죄악을 숨기지 아니하였더니 곧 주께서 내 죄악을 사하셨나이다(셀라) 이로 말미암아…(중략)…주는 나의 은신처이오니 환난에서 나를 보호하시고 구원의 노래로 나를 두르시리이다(셀라)"(시 32:1-7)

사마리아 우물가의 여인은 예수님을 만나고 자신이 죄인인 줄 알았고, 예수님이 메시아임을 알고 곧바로 마을로 뛰쳐가서 예수님의 존재를 전했다. 그러자 마을 사람들이 몰려나와 예수를 영접하고, 믿고 구원을 받았다.

그러나 정작 예루살렘 성전에 있던 종교지도자들이나 바리새인들은 메시아로 오신 예수님에게 죄를 사하는 권세가 있음을 믿지 않았기 때문에 구원의 대사면의 혜택을 받지 못했다.

오늘날에도 이와 같이 자신이 의롭고 죄가 없다며, 어리석게도 주님의 사면을 거부하는 사람들이 이 세상에 너무나 많이 있다.

3.
의롭게 하심으로
가치 있는 존재로 만드셨다

"모든 사람이 죄를 범하였으매 하나님의 영광에 이르지 못하더니 그리스도 예수 안에 있는 속량으로 말미암아 하나님의 은혜로 값없이 의롭다 하심을 얻은 자 되었느니라"(롬 3:23-24)

베드로처럼 '자신이 죄인이라는 자각'이 있는 사람은 복이 있다. 그런 사람을 주님은 사용하신다. 무명의 어부를 위대한 주님의 수제자로 삼으셨다. '놀라운 복'인 것이다.

사도 바울도 그렇다. 그는 원래 핍박자였다. 스데반이 순교할 때 앞잡이었다. 그런 그가 주님을 만나고 변화를 받아 '십자가의 도를 전하는 사도'가 되었다. 로마까지 가서 순교하기까지 복음을 전하여 유럽 선교의 선구자가 되었다. 또 바울은 신약 14권을 집필하였다(갈라디아서, 데살로니가전후서, 고린도전후서, 로마서, 에베소서, 골로새서, 빌레몬서, 빌립보서, 디모데전후서, 디도서). 주님 십자가 대속의 은혜로 죄를 사하시고 의롭게 하심으로써 참으로 가치있는 존재로 만드신 것이다.

우리들도 마찬가지다! ① 하나님께 영광 돌리는 존재

② 사랑하는 존재 ③ 주님의 목적대로 쓰임받는 도구가
되었다.

시몬의 집에서 예수님께 향유를 부은 죄 많은 여인도 그
랬다. 예수님께서 바리새인 시몬의 집에 식사 초청을 받아
가셨다. 그런데 그곳에 동네에서 죄인으로 평가받는 여인이
나타났다. 그리고 예수님의 발 곁에 서서 울며 향유를 붓고,
발을 그 머리털로 닦았다.

"한 바리새인이 예수께 자기와 함께 잡수시기를 청하니
이에 바리새인의 집에 들어가 앉으셨을 때에 그 동네에 죄
를 지은 한 여자가 있어 예수께서 바리새인의 집에 앉아 계
심을 알고 향유 담은 옥합을 가지고 와서 예수의 뒤로 그 발
곁에 서서 울며 눈물로 그 발을 적시고 자기 머리털로 닦고
그 발에 입맞추고 향유를 부으니"(눅 7:36-38)

여자는 말이 없었다. 죄인이 무슨 할 말이 있겠는가. 그저
"죽여주시옵소서" 하는 마음뿐이다. 그래서 하염없이 흐르
는 눈물로 주님의 발을 적시며 머리칼로 닦았던 것이다. 자
신의 죄를 인정하고, 자비를 청한 것이다.

예수님을 초청한 바리새인 시몬이 이것을 보고 마음에
이르기를 "예수가 만일 선지자라면 자기를 만지는 이 여
자가 누구며 어떠한 자 곧 죄인인 줄을 알았으리라" 비난
했다.

그러자 주님께서 이같이 말씀하였다. "예수께서 이르시되 시몬아 이 여자를 보느냐 내가 네 집에 들어올 때 너는 내게 발 씻을 물도 주지 아니하였으되 이 여자는 눈물로 내 발을 적시고 그 머리털로 닦았으며 너는 내게 입맞추지 아니하였으되 그는 내가 들어올 때로부터 내 발에 입맞추기를 그치지 아니하였으며 너는 내 머리에 감람유도 붓지 아니하였으되 그는 향유를 내 발에 부었느니라"(눅 7:39)

이 여인은 그 소중한 향유를 예수님 발에 부었다.

무엇을 뜻하는가! 바로 예수님에 대한 사랑과 감사의 고백이었다. '백 마디 말'보다 깊었다. '말'로가 아니라, '행함'으로 보여줬다. 그래서 주님은 말씀하였다. "이러므로 내가 네게 말하노니 그의 많은 죄가 사하여졌도다"(눅 7:47) 형 집행을 정지시킨 것이다.

"이에 여자에게 이르시되 네 죄 사함을 받았느니라 하시니 함께 앉아 있는 자들이 속으로 말하되 이가 누구이기에 죄도 사하는가 하더라"(눅 7:48-49)

예수님은 죄를 사하는 하나님의 권세를 가지고 계시다.

대통령은 사면권이 있다. 관례를 보면, 대통령이 물러갈 때나, 새 대통령이 된 사람이 취임할 때쯤 너그러움을 드러내기 위해서, 국민의 화합을 도모하기 위해서 정치범, 범법자들의 공로나 행실과는 상관없이 일괄적으로 그들의 죄를 사해주는 것이다. 선심을 베풀기 위해서 때론 교통위반자들 수백만 명도 사면해주는 경우가 있었다. 이런 것이 대사면이다. 정권교체기인 이번에도 그런 사면이 이미 실시되었고, 앞으로도 사면이 있을 가능성이 있다.

이처럼 만왕의 왕 예수님도 모든 인간의 죄를 사면할 수 있는 권한이 있다. ① '죄 사하는 권세'뿐만 아니라, ② '심판하는 권세'도 있다. '만유의 주'가 되시기 때문이다.

강대국 미국이 작금 러시아의 침공을 당한 우크라이나를 도울 수 있는 힘을 가지고 있을지는 몰라도, 결코 인류를 죄에서 건질 힘은 없다. 우리를 죄와 사망에서 건지실 분은 오직 예수님뿐이다.

"그러나 인자가 땅에서 죄를 사하는 권세가 있는 줄을 너희로 알게 하리라 하시고 중풍병자에게 말씀하시되 내가 네게 이르노니 일어나 네 침상을 가지고 집으로 가라 하시매 그 사람이 그들 앞에서 곧 일어나 그 누웠던 것을 가지고 하나님께 영광을 돌리며 자기 집으로 돌아가니"(눅 5:24-25)

"아버지께서 아무도 심판하지 아니하시고 심판을 다 아들에게 맡기셨으니"(요 5:22)

그러기에 예수님은 여인에게 선언하셨다. "이러므로 내가 네게 말하노니 그의 많은 죄가 사하여졌도다" 선언하신 것이다. 이어서 하신 말씀이 있다. "이는 그의 사랑함이 많음이라 사함을 받은 일이 적은 자는 적게 사랑하느니라 이에 여자에게 이르시되 네 죄 사함을 받았느니라 하시니"

무슨 말씀인가? "내가 네게 말한다. 이 여자는 그 많은 죄를 용서받았다. 그것은 그가 많이 사랑하였기 때문이다. 용서받는 것이 적은 사람은 적게 사랑한다"라는 뜻이다(표준어성경). 받은 은혜가 크면, 받은 만큼 큰 사랑을 드리는 것이다.

그리고 주님은 여인에게 "평안히 가라!" 하였다.

"예수께서 여자에게 이르시되 네 믿음이 너를 구원하였으니 평안히 가라 하시니라"(눅 7:50) 예수님은 여인의 죄를 사해주심과 동시에 '평안'을 선물로 주셨다. 영혼과 마음의 가장 큰 선물은 '평안'이다.

중풍병자에게도 그리 말씀하셨다.

"침상에 누운 중풍병자를 사람들이 데리고 오거늘 예수께서 그들의 믿음을 보시고 중풍병자에게 이르시되 작은 자야 안심하라 네 죄 사함을 받았느니라"(마 9:2)

주님이 우리를 향한 뜻은 재앙이 아니다. 평안이다!

샬롬이다! 평안하라, 안심하라!

이제 죄인 아닌 의로운 존재가 되었기 때문에 성령님이 우리의 신앙과 삶을 도우시는 것이다.

"너희는 말세에 나타내기로 예비하신 구원을 얻기 위하여 믿음으로 말미암아 하나님의 능력으로 보호하심을 받았느니라…(중략)…너희 믿음의 확실함은 불로 연단하여도 없어질 금보다 더 귀하여 예수 그리스도께서 나타나실 때에 칭찬과 영광과 존귀를 얻게 할 것이니라"(벧전 1:5, 7)

"믿음의 기도는 병든 자를 구원하리니 주께서 그를 일으키시리라 혹시 죄를 범하였을지라도 사하심을 받으리라"(약 5:15)

죄인과 달리 의인의 기도는 역사하는 힘이 크다(약 5:16). 죄를 이길 힘을 주신다. 병마를 이길 힘을 주신다.

한마디로 우리의 죄를 사해주시고, 의롭게 하심으로 택하신 족속, 거룩한 나라, 왕 같은 제사장, 주의 소유된 백성이 되게 하였다. 존귀한 존재가 된 것이다.

4.
다시 일어나라는 명령이다

죄로 인해 하나님과 깨어지고, 단절되었던 관계가 이제 회복되었으니 영육간의 능력이 나타나게 된 것이다.

사면은 '일어나라'라는 뜻이고, '자유하라'라는 뜻이다. 이제 형벌의 시대는 지났으니, '당당하게 살아라'라는 것이다.

또한 성령님이 일어나도록 '도우시는 것'이다.

그래서 회당장 야이로의 믿음을 보시고 그의 딸도 일어나게 하였다. 성전 미문에서 구걸하던 앉은뱅이도 일어나게 되었다.

이처럼 영육간의 생명과 희망이 끊어진 자라 할지라도 믿음이 있으면 일어나고, 살아난다.

그래서 "이전 것은 지나갔으니 보라 새것이 되었도다"(고후 5:17), "지금은 은혜받을 만한 때요, 지금은 구원의 날이로다"(고후 6:2)라고 선포하신 것이다.

우리 가운데 모든 희망을 포기한 사람이 있는지 모르겠다. 병원에서도 포기하고, 의사도 포기하고, 가족도 포기하고, 본인도 스스로 포기한 사람이 있는지 모르겠다. 그러나 하나님은 우리를 포기하지 않고 계신다는 '사실'이다.

주님은 지금도 "일어나라!" 하신다. "두려워 말라! 내가 너와 함께 하리라 내가 너를 도와주리라!" 하신다.

이스라엘이 하나님께 범죄하였을 때에 바벨론 포로가 되어 끌려갔다. 예루살렘과 성전은 무너졌다. 도적질을 당하고, 묶여 있게 되었다. 그러나 때가 되자 하나님께서 이스라엘에게 "고국으로 돌아가라!" 하셨다. 사면장을 주셨다. 형 집행을 정지하고 해방을 주셨다! 그리고 하신 말씀이 있다.

"일어나라 빛을 발하라 이는 네 빛이 이르렀고 야훼의 영광이 네 위에 임하였음이니라 보라 어둠이 땅을 덮을 것이며 캄캄함이 만민을 가리려니와 오직 야훼께서 네 위에 임하실 것이며 그의 영광이 네 위에 나타나리니 나라들은 네 빛으로, 왕들은 비치는 네 광명으로 나아오리라 네 눈을 들어 사방을 보라 무리가 다 모여 네게로 오느니라 네 아들들은 먼 곳에서 오겠고 네 딸들은 안기어 올 것이라 그때에 네가 보고 기쁜 빛을 내며 네 마음이 놀라고 또 화창하리니 이는 바다의 부가 네게로 돌아오며 이방 나라들의 재물이 네게로 옴이라 허다한 낙타, 미디안과 에바의 어린 낙타가 네 가운데에 가득할 것이며 스바 사람들은 다 금과 유향을 가지고 와서 야훼의 찬송을 전파할 것이며 게달의 양 무리는 다 네게로 모일 것이요 느바욧의 숫양은 네게 공급되고 내 제단에 올라 기꺼이 받음이 되리니 내가 내 영광의 집을 영화롭게 하리라"(사 60:1-7) 하였다.

특히 "네 눈을 들어 사면을 보라"라고 하였다. '눈을 들어 동서남북을 바라보아야 하는 이유'는 무엇인가?

"무리가 네게로 오기 때문이며 네 아들딸이 원방(먼 곳)에서 오기 때문"(4절)이라고 했다. "바다의 풍부가 네게로 오며 열방의 재물이 네게로 오기 때문"(5절)이라고 했다. "미디안 사람들과 스바 사람들(이방인)이 금과 유향을 가지고 올 것이기 때문"(6절)이라고 했다. 그리고 "동서남북에서 구름같이 비둘기가 날아오는 것처럼 날아온다"(8절)라고 했기 때문이다.

하나님의 은혜로 사면받은 이스라엘은 ① 예루살렘이 회복되었을 뿐만 아니라 ② 동서남북에서 떠났던 사람들이 돌아오고, 헤어졌던 사람들이 돌아온다는 것이다. 그리고 ③ 바다의 배를 타고 물질이 돌아온다는 것이다. 어디 그뿐인가? ④ 이방인들이 각종 보물을 가지고 찾아온다는 것이다.

우리가 여기서 주목할 것이 있다. 신앙이 '회복'되고, 영혼이 '회복'되면, 다시 말해 영적으로 예루살렘이 회복되면, 복과 은혜가 동서남북에서 모여든다는 것이다.

내 신앙이 '회복'되고 내 영혼이 '복'을 받으면, 떠났던 사람이 돌아오고, 잃었던 재산이 '회복'되고 예기치 않았던 복이 찾아온다는 것이다. 이와 같이 죄 사함을 얻은 인생이나 나라는 평안과 젖과 꿀이 흐르는 복지가 다가오는 것이다.

천국에는 전쟁이 없다. 오직 모든 복지가 거기에 있다. 죄가 끝나는 시점에서 복권이 이뤄지고, 천국은 시작되는 것이다. 그래서 "회개하라 천국이 가까이 왔느니라"(마 4:17) 말씀하신 것이다.

이러므로 죄인에서 의인으로 복권된 사랑하는 여러분은

하나님의 자녀로서 '오중복음'과 '삼중축복'을 누리며 살게
된 존재임을 알고, 더욱 성령의 힘을 빌어 힘차게 일어나시
고, 사방으로부터 몰려오는 복을 넘치도록 받아 누리시기
를 축원한다.

전쟁의 속성

엡 6:12-18

인류 역사는 전쟁의 역사다. 지난 3,000년 동안 지구상에는 3,300여 차례의 전쟁이 있었다. 전쟁의 이유는 영토 분쟁, 자원 분쟁, 종교와 사상의 충돌, 이권 쟁탈 때문이다. 전쟁은 국가 존립과 그 백성의 생사가 달린 문이다. 따라서 전쟁은 어느 나라 백성이든 간에 절체절명의 사건이다. 전쟁에는 ① 야욕 때문에 하는 전쟁이 있는가 하면, ② 심판 성격의 전쟁도 있다.

성경에 보면 하나님께서 전쟁을 허락하실 때는 심판의 전쟁이다. 이스라엘이 범죄하였을 때 이웃 나라를 들어 심판하셨다.

예를 들어 하나님께서는 이스라엘 자손과 유다 자손이 악을 행할 때 바벨론 군대가 유다를 침략하는 것을 허용하셨다. "혼 좀 나봐라!" 이렇게 되기 전까지 하나님은 관용을 베푸셨다. 오래 참으셨다. 그럼에도 불구하고 뉘우치지 않자,

결국 회초리와 막대기를 드신 것이다.

이에 대해 예레미야 선지자는 말하길 "그의 조상들의 하나님 야훼의 전을 버리고 아세라 목상과 우상을 섬겼으므로 그 죄로 말미암아 진노가 유다와 예루살렘에 임하니라 그러나 야훼서 그들에게 선지자를 보내사 다시 야훼에게로 돌아오게 하려 하시매 선지자들이 그들에게 경고하였으나 듣지 아니하니라"(대하 24:18)

또한 바벨론같이 이방 나라도 악행을 저질렀을 때는 심판하셨다. 페르샤의 고레스 왕(BC 559~530)을 통해 바벨론을 멸망시키셨다. 고레스 왕은 바벨론을 멸망시키고, 유다 백성에게 "너희의 나라로 돌아가라"라고 칙령을 내렸다. 그리고 그가 말하길 "이 일을 행하신 분은 야훼 하나님이라"라고 했다.

"바사 왕 고레스가 이같이 말하노니 하늘의 신 야훼께서 세상 만국을 내게 주셨고 나에게 명령하여 유다 예루살렘에 성전을 건축하라 하셨나니 너희 중에 그의 백성된 자는 다 올라갈지어다 너희 하나님 야훼께서 함께하시기를 원하노라 하였더라"(대하 36:23)

고레스와 같은, 소비에트연방 해체 주인공은 고르바초프

다. 그는 어려서부터 하나님을 신봉했고, 어려서부터 집단 농장에서 강제노동하는 것이 지긋지긋했다고 한다. 그래서 공산사회주의를 안 좋아했다고 전해진다.

어떤 이유로 전쟁이 일어났든, 전쟁의 결과는 참혹하다. 그 상처는 '두고두고' 오랜 세월 아픔을 주고, 원한을 남긴다.

1.
보이는 전쟁

작금 우크라이나와 러시아의 전쟁이 바로 '보이는 전쟁'이다. 러시아가 우크라이나를 침공한 것은 순전히 야욕 때문이다.

푸틴이 여러 이유를 내세우고 있지만, 자국 이익과 야욕 때문에 전쟁을 일으킨 것이다.

이에 대해 전 세계 대부분의 국가는 '침략'으로 규정하고 있다. 러시아의 우크라이나 침공을 규탄하고, '즉각 철군'을 요구하는 유엔총회 결의안을 141개 국가가 압도적인 지지 가운데 채택했다.

그러면 우크라이나 편에서 돕고 있는 서방 나라들의 명분은 무엇인가? 어느 나라든지 주권을 가지고 있고, 그 백성들의 의지에 따라 국가운영 체제를 선택할 수 있다는 것이다. 이것은 하나님이 주신 '자유의지'와 '하나님의 형상대로 지음받은 인간으로서 살 권리'를 말한다.

그러나 지금 러시아는 민간인들까지 마구 죽이고, 심지어 수많은 어린아이들까지 죽음으로 몰아가고 있다. 며칠 전 이런 동영상을 보았다. "살고 싶어요!" 하며 울부짖던 어린 여자아이의 절규가 아직도 내 귓전을 때린다. 두려움과 공포에 떠는 아이 영상이 떠오른다.

"푸틴 아저씨 왜 그런지 모르겠어요!" 참 슬픈 일이다.

과거의 전쟁이나 현대의 전쟁은 대부분 눈에 보이는 혈과 육의 싸움이다. 영토 분쟁, 자원, 종교, 사상, 이권 등에 대한 쟁탈전이다. 인류 현대사의 가장 비극적인 일 중 하나인 2차 세계대전은 1936년 독일, 이탈리아, 일본의 삼국 동맹 체결로 발발되었다. 이 삼국 동맹의 결과로 평화로운 지구 곳곳은 온통 화약 냄새와 피비린내가 진동하는 전쟁터로 변하였다.

그러나 결국 공의로운 연합군의 승리로 끝났고, 삼국 동맹의 주역들은 모두 비참한 최후를 맞았다. ① 먼저 유태인을 600만이나 학살한 히틀러는 연합군이 한참 독일로 전진해오던 1945년, 그의 지휘 벙커에서 권총으로 자살했다. ②

극악한 파시스트인 이탈리아의 무솔리니는 1945년 연합군에 패전 후 국경 밖으로 도망하려다 암살됐다. ③ 일본의 동조 천황은 거의 신으로 떠받들어지던 이미지가 완전히 구겨지고, 권력을 모두 잃어버린 채 1989년 초라한 인간으로 돌아와 병에 걸려 죽었다.

이렇게 악령에 사로잡혔던 세 사람은 결국 그 악령의 조종에 의해 비참한 최후를 마쳤던 것이다.

"악인의 등불이 꺼짐과 재앙이 그들에게 닥침과 하나님이 진노하사 그들을 곤고하게 하심이 몇 번인가 그들이 바람 앞에 검불같이, 폭풍에 날려가는 겨같이 되었도다 하나님은 그의 죄악을 그의 자손들을 위하여 쌓아두시며 그에게 갚으실 것을 알게 하시기를 원하노라 자기의 멸망을 자기의 눈으로 보게 하며 전능자의 진노를 마시게 할 것이니라"(욥 21:17-20)

악한 자는 반드시 망한다는 것은 성경 역사나 인류 역사의 교훈이다.

2.
보이지 않는 전쟁

최초의 보이지 않는 전쟁은 사탄 루시퍼가 하나님께 도전함으로 일어났다. '하나님처럼 되겠다'라는 것이었다. 천상에서 쫓겨난 사탄은 아담과 하와를 유혹함으로 타락하게 만들었다.

그것으로 인간은 사탄의 형상을 갖게 된 것이다. '어둠의 자식'이 된 것이다. 그런 유전자를 가진 대표적인 인물이 바로 '가인'이다.

그래서 착하고 하나님 뜻대로 사는 동생 '아벨'을 죽인 것이다. 형제도 눈에 보이지 않는다. 그 내면의 폭력성이 여지없이 드러난 사건이다. '인간의 죄성'과 '심리적 본성에서 나오는 공격적 성격'이 전쟁의 원인이다.

그래서 인간은 본질적으로 불완전하고 폭력적 심리가 있어서 전쟁으로 사회적 문제를 해결하려는 것이다. 따라서 혈과 육의 싸움 배후에는 '영적 전쟁'이 있음을 알아야 한다.

"우리의 씨름은 혈과 육을 상대하는 것이 아니라 통치자들과 권세들과 이 어둠의 세상 주관자들과 하늘에 있는 악의 영들을 상대함이라"(엡 6:12) 하였다.

우리가 싸우는 것은 사람을 상대로 싸우는 것이 아니라는 말이다. 영적 전쟁!

우리 예수를 믿는 사람들은 영적인 싸움 한복판에 있다. 악한 영들이 우리를 계속해서 공격하는 것이다. 보이지 않는 마귀와 전쟁을 하고 있는 것이다. 마귀는 우리와 전쟁할 때 항상 '마음'과 '생각'을 통해 들어온다.

① 하와: 보암직, 먹음직, 탐스럽다. ② 가룟 유다: 스승을 팔아버릴 생각을 했다.

"마귀가 벌써 시몬의 아들 가룟 유다의 마음에 예수를 팔려는 생각을 넣었더라"(요 13:2)

여러분, 밤에 주무실 때 우리가 집의 문단속은 얼마나 철저히 하는가? 창문도 걸고 대문도 걸어잠그고 그런 다음에야 편안하게 잘 수 잇을 것이다. 대문을 잠그지 않고는 편안하게 잠을 자지 못할 것이다.

그러나 그보다 더 단속을 할 것은 악한 영이 우리 마음에 들어오지 못하게 하는 것이다. 악한 영과 그 생각이 우리 마음에 들어오지 못하게 해야 한다.

"모든 지킬 만한 것 중에 더욱 네 마음을 지키라 생명의 근원이 이에서 남이니라"(잠 4:23)

"우리의 씨름은 혈과 육을 상대하는 것이 아니라 통치자

들과 권세들과 이 어둠의 세상 주관자들을 상대함이라"(엡 6:12)

그러니까 우리들이 싸울 상대는 '귀신이 들어가 역사하고 있는 권세자들'과의 싸움이다.

사도행전을 보니, 어느 날 사도 바울이 '바보'라는 지방에 들어갔다. 거기에 총독 서기오라는 사람이 있는데, 총독이 소문을 들어서 바나바와 바울이 지혜 있는 사람인 줄 알고 초청해 함께 이야기를 나누게 되었다.

이때 바예수라 하는 유대인 거짓 선지자이며, 마술사가 나타나 바울이 전하는 복음을 총독 서기오가 듣지 못하도록 방해를 하였다.

"온 섬 가운데로 지나서 바보에 이르러 바예수라 하는 유대인 거짓 선지자인 마술사를 만나니 그가 총독 서기오 바울과 함께 있으니 서기오 바울은 지혜 있는 사람이라 바나바와 사울을 불러 하나님의 말씀을 듣고자 하더라 이 마술사 엘루마는 (이 이름을 번역하면 마술사라) 그들을 대적하여 총독으로 믿지 못하게 힘쓰니 바울이라고 하는 사울이 성령이 충만하여 그를 주목하고 이르되 모든 거짓과 악행이 가득한 자요 마귀의 자식이요 모든 의의 원수여 주의 바른 길을 굽게 하기를 그치지 아니하겠느냐 보라 이제 주의 손이 네 위에 있으니 네가 맹인이 되어 얼마 동안 해를 보지 못하리라 하니 즉시 안개와 어둠이 그를 덮어 인도할 사람을 두루 구하는지라 이에 총독이 그렇게 된 것을 보고 믿으며 주의 가르치심을 놀랍게 여기니라"(행 13:6-12)

이때 사도 바울은 '어둠의 자식'을 저주하고 쫓아버렸다.

"기만과 죄악으로 가득 찬 이 악마의 자식아, 너는 나쁜 짓만 골라가면서 하는 악당이다. 언제까지 너는 주님의 길을 훼방할 셈이냐?"(행 13:10 - 공동번역)

결국 마술사는 맹인 되어 쫓겨 가고, 총독 바기오는 이 놀라운 이사를 보고 복음을 받아들이고 믿게 되었다. 다행히 바울이 영권이 있어서, 귀신의 역사를 물리칠 수 있었다.

이처럼 마귀는 복음 전하는 것을 막고, 성령을 훼방하려 한다. 그러나 그 종국은 패전이다.

따라서 여러분! 무엇보다 중요한 것은 마음을 지키는 것이다. (갈 5:19-21)에 보면, '마귀가 우리 마음에 심어넣어주는 악한 것들'에 대해 언급하고 있다.

'악독'과 '방종'과 '망령된 생각'이다.

"음행과 더러운 것과 호색과 우상숭배와 술수와 원수를 맺는 것과 분쟁과 시기와 분냄과 당 짓는 것과 분리함과 이단과 투기와 술 취함과 방탕함과 또 그와 같은 것들이라"

마귀의 목적은 하나이다. 사람들로 하여금 하나님의 구원의 역사를 방해하는 것이고, 병들고 죽이고 멸망시키는 것이다.

마귀는 사람들이 복음을 받아들이지 못하도록 세상 문화에도 깊이 침투한다. 세상 문화를 주의 깊게 보면, 그 배후에 사단의 무서운 전략이 숨어 있는 것을 보게 된다.

우상 문화가 요즘에는 방송과 손을 잡았다. 역술인들을 인간문화재로 만들고, 책을 내고 영화화하기도 한다. 어린 아이들이 보는 만화나 놀이를 보면, '귀신 이야기', '마법 이야기'로 가득 차 있다.

① 귀신은 나쁘지 않고 얼마든지 친구가 될 수 있다. ② 지옥은 결코 나쁜 곳이 아니다.

이렇게 주입시킨다! 결론은 예수 못 믿게 하는 것이다.

악한 영들은 사람들이 믿지 못하게 하고, 믿어도 건성으로 믿게 하고, 여전히 죄 가운데 있게 한다. 그렇게 함으로 인간성을 파괴하고, 가정을 파괴하고, 생활을 실패케 하고, 좌절과 허무로 인생을 망치게 한다. 사탄의 문화로 사회와 국가를 망하게 한다.

이렇게 보이지 않는 전쟁이 끊임없이 벌어지고 있는 이때, 우리는 항상 깨어 있어야 한다. 그렇지 않으면 에덴을 잃어버린 아담과 하와처럼 되는 것이다.

3.
이기는 전쟁

'힘'이 있어야 한다. 든든한 '국방력'과 '정신력'이 강해야
한다.

(1) 무장해야 한다

　전신갑주를 입고 신앙전력화해야 한다. 기도와 말씀으로
무장해야 한다. 성령 영적 권세를 가져야 한다.
　절체절명의 시간 때, 기도하라! 최선의 방안!
　모압, 암몬, 마온 침공 여호사밧, 블레셋 미스바대성회,
사무엘 주도 기도회, 구스 세라가 백만 대군과 300병거 몰
고 침공했을 때 아사 왕은 기도로 물리쳤다.

(2) 전쟁에서 승리하려면 통수권자에게 순종해야 한다

어떤 군대이든, 복종하는 것은 그 군대의 전투력과 효율성에 절대적 요소이다. 특수부대는 가장 엄격하게 훈련받은 군대요, 명령에 '복종'한다. 우리의 대장관은 예수님이고, 순종해야 한다.

사도 요한은 "세상을 이긴 이김은 이것이니 곧 우리의 믿음이니라"(요일 5:4)라고 했다.

주님을 믿은 믿음! 그 순종이 승리의 비결이다.

"그런즉 너희는 하나님께 순복할지어다 마귀를 대적하라 그리하면 너희를 피하리라"(약 4:7)

(3) 전략이 필요하다

"너는 모략으로 싸우라 승리는 모사가 많음에 있느니라"(잠 24:6)

임진왜란 때 일본 수군에게 연전연승한 이순신 장군은 나름대로 승리의 전략을 구사했다. 이순신 장군이 명량해전에서 불과 열두 척의 군선으로 333척의 왜선단을 물리쳤다. 최악의 상황에서 거둔 극적인 승리였다.

이순신 장군은 작은 섬 뒤에 배를 나눠 숨기고, 바닷물이 소용돌이치는 곳으로 유인해 매복해 있던 배들이 적을 기습하는 전략을 통해 승리했다.

해군사관학교 임원빈 교수는 이렇게 말한다.
"전쟁은 우연이 아니라 과학이다."
'승리할 만한 위치'에서 '승리할 조건'을 두루 갖추었을 때 이기는 것이 전쟁이다. 약할 때 전쟁하면 백전백패하고 만다. 강한 전력과 유리한 조건을 유지해야 전쟁에서 승리하게 된다.

(4) 돕는 이들이 있어야 한다

역부족인 우크라이나는 서방 세계의 도움을 받고 있다. 동맹의 중요성을 새삼 일깨워주고 있다.
우리들도 진정한 승리를 위해선 그렇게 해야 한다. 그리스도의 영, 성령과 함께할 때 승리할 수 있다.

세상은 반 하나님 문화, 우상 문화, 악한 귀신 문화로 가득 차 있다.
여러분, 우리 사회 여러 현상들을 신문이나 뉴스를 통해 볼 때 '아, 이것이 영적인 문제와 관련이 있는 것이구나' 하고, 여러분이 분별하시고, 피하지 마시고, 담대히 외치라!

"사단아, 예수 이름으로 명하노니 우리 사회에서 떠나가라! 내 가정에서 떠나가라!" 할 수 있기를 바란다.

"예수께서 무리의 달려 모이는 것을 보시고 그 더러운 귀신을 꾸짖어 가라사대 벙어리 되고 귀먹은 귀신아 내가 네게 명하노니 그 아이에게서 나오고 다시 들어가지 말라 하시매 귀신이 소리지르며 아이로 심히 경련을 일으키게 하고 나가니 그 아이가 죽은 것같이 되어 많은 사람이 말하기를 죽었다 하나 예수께서 그 손을 잡아 일으키시니 이에 일어서니라"(막 9:25-27)

전쟁에서 승리하신 분은 오직 예수님뿐이다. 여호수아는 예수님의 모형이요, 그림자이다. 예수님만이 가나안 땅을 정복하실 수가 있다. 오늘날도 예수님을 통하지 않고는 영적인 전쟁에서 승리할 수가 없다.

마귀가 두려워하는 것은 '교회의 직분'이 아니다. '나의 능력'과 '경험'이 아니다. 마귀가 두려워하는 것은 예수님이다.

여러분의 신앙과 삶의 전쟁에서 항상 승리할 수 있도록 더욱 예수님을 의지하고, 단단히 '동맹'하시기를 바란다.

"음부의 권세가 이기지 못하리라"(마 16:18)

전쟁은 우리에게 속한 것이 아니다. 십자가 믿음에 분명히 설 때, 주님이 하시는 것이다. 주님이 하시는 전쟁은 반드시 이긴다.

예수님은 나의 영원한 대장이다. 예수님과 함께 동맹하면 영육간의 전쟁에서 언제나 승리할 수가 있다.

우크라이나와 러시아의 전쟁을 보면서, "검을 쓰는 자는 검으로 망한다"(마 26:52)라는 예수님의 교훈을 다시금 되새겨야 할 때이다.

젤렌스키 대통령은 심각하다. 그 사람뿐만 아니다. 푸틴도 마찬가지다!

영적 전쟁도 우리에게만 심각한 전쟁이 아니다. 마귀에게도 심각한 전쟁이다.

젤렌스키 대통령은 담대하다. 두려움이 없다. "나는 죽음을 겁낼 권리가 없다." 그래서 백성이 뭉치고 서방이 돕는다.

여러분! 여러분도 담대하라!

로마의 통치자, 철학자, 지성인 세네카가 말했다! "전쟁도 나쁘지만, 전쟁을 두려워하는 것은 더욱 나쁘다!"

다윗은 "군대가 나를 대적하여 진 칠지라도 내 마음이 두렵지 아니하며 전쟁이 일어나 나를 치려 할지라도 나는 여

전히 태연하리로다"(시 27:3)

여러분! 지금 우리들도 전쟁 중이다. 혈과 육, 그리고 악한 영들과의 싸움이다. 죄와 가난과 저주, 질병, 우환과의 싸움이다.

그러나 강하고 담대하라!

"이것을 너희에게 이르는 것은 너희로 내 안에서 평안을 누리게 하려 함이라 세상에서는 너희가 환난을 당하나 담대하라 내가 세상을 이기었노라"(요 16:33)

"사랑할 때가 있고 미워할 때가 있으며 전쟁할 때가 있고 평화로울 때가 있느니라"(전 3:8)

여러분! 언제든 주님과 함께하라! 그러면 전쟁할 땐 이기고, 평화할 때 하나님 나라가 임하게 될 것이다.

이런 승리와 평안이 개인과 가정, 대한민국, 우크라이나에 있게 되시기를 축원한다.

마음을 병들게 하는 것

잠 17:22

마음이 바로 서면 나라도 바로 선다. 사회도, 가정도, 교회도 모든 것이 바로 설 수 있다. 마음이 삐뚤어져 있으면 나도 모르게 삐뚤어진 결과가 내 자신은 물론 주위 사람과 환경에도 영향을 끼친다.

1.
염려와 두려움

오늘날 육체의 질병 70%가 마음의 병으로 인한 것이라고 한다. 마음이 병들면 모든 것이 '병들기' 시작한다.

"사람의 심령은 그의 병을 능히 이기려니와 심령이 상하면 그것을 누가 일으키겠느냐"(잠 18:14)

따라서 우리는 마음이 건강하도록 노력을 하여야 한다.

'하나님'은 인간을 창조하실 때 하나님의 형상과 모양대로 창조하셨다. 그러면 과연 "인간에게 하나님의 형상이 어디에 있나? 모양이 어디에 있나?"라고 묻는다면, 인간의 마음이 곧 하나님의 형상이요 모양이라고 말할 수 있다.

물론 지성, 감성, 의지와 같은 기능들을 인격적 요소라고 말하지만, 이것이 바로 마음의 지성소라고할 수 있다.

행복과 불행, 성공과 실패, 선과 악이 다 창출되는 곳이 바로 '마음'이다. 그래서 마음을 다스리고 사는 것이 용사보다 낫고, 성을 뺏는 장수보다 더 위대하다 했다.

"노하기를 더디 하는 자는 용사보다 낫고 자기의 마음을 다스리는 자는 성을 빼앗는 자보다 나으니라"(잠 16:32)

사람의 최대의 숙제는 '자기 마음을 다스리는 것'이다.

이 세상의 모든 보화가 다 어디에 있는가? 곧 우리 마음에 있다. 하나님께서 모든 좋은 것은 다 우리 마음에 담아주셨다. 따라서 마음에 독이 되는 염려나 두려움은 다 빼내야 한다. 그래서 주님은 "염려하지 말라!" 하셨다.

"너희는 스스로 조심하라…(중략)…생활의 염려로 마음이 둔하여지고 뜻밖에 그날이 덫과 같이 너희에게 임하리라"(눅 21:34)

"아무것도 염려하지 말고, 다만 모든 일에 기도와 간구로,

너희 구할 것을 감사함으로 하나님께 아뢰라 그리하면 모든 지각에 뛰어난 하나님의 평강이 그리스도 예수 안에서 너희 마음과 생각을 지키시리라"(빌 4:6)

"평안을 너희에게 끼치노니 곧 나의 평안을 너희에게 주노라 내가 너희에게 주는 것은 세상이 주는 것과 같지 아니하니라 너희는 마음에 근심하지도 말고 두려워하지도 말라"(요 14:27)

1933년 대공황의 절망 속에서 두려워하는 미국 사람들에게 루즈벨트 대통령은 이와 같이 말했다. "우리가 오직 두려워해야 하는 것은 두려움 그 자체이다!" 이러므로 내 안의 두려움을 쫓아내야 한다.

하나님은 여호수아에게 이와 같이 말씀하였다. "오직 강하고 극히 담대하여 나의 종 모세가 네게 명령한 그 율법을 다 지켜 행하고 우로나 좌로나 치우치지 말라 그리하면 어디로 가든지 형통하리니…(중략)…내가 네게 명령한 것이 아니냐 강하고 담대하라 두려워하지 말며 놀라지 말라 네가 어디로 가든지 네 하나님 야훼가 너와 함께 하느니라 하시니라"(수 1:7, 9)

"두려워하지 말라 내가 너와 함께 함이라 놀라지 말라 나는 네 하나님이 됨이라 내가 너를 굳세게 하리라 참으로 너

를 도와주리라 참으로 나의 의로운 오른손으로 너를 붙들리
라"(사 41:10)

마음의 억압을 받지 않으려면 주님께 모든 것을 맡겨야
한다.
"네가 물 가운데로 지날 때에 내가 너와 함께 할 것이라
강을 건널 때에 물이 너를 침몰하지 못할 것이며 네가 불 가
운데로 지날 때에 타지도 아니할 것이요 불꽃이 너를 사르
지도 못하리니"(사 43:2)

① 여호수아는 하나님 약속의 말씀을 붙잡고 나갔다. 두
려움과 공포를 극복하고, 가나안 전쟁에서 승리했다. ② 예
수님도 십자가 앞두고, 땀방울이 핏방울이 되도록 기도했
다. 십자가에 대한 부담 때문이었다. 그러나 아버지 하나님
께 맡기고 나가 끝내 십자가를 지시고 승리하였다.
따라서 약속의 말씀을 의지하고 나가야 한다. 예수께서
승리하신 그 십자가를 붙잡고 나가길 바란다.

우리가 이처럼 주님을 의지하고, 맡기는 생활을 할 때 우
리 마음 가운데 염려와 두려움은 사라지고, 성령이 주시는
평강과 기쁨이 넘쳐나게 되는 것이다.

2.
잘못된 대인관계

우리는 사람을 피해서는 살 수 없다. 집에는 남편, 아내, 자식, 시부모 등 가족이 있고, 또 이웃이 있으며, 직장에 나가면 상사와 동료가 있다. 결코 피할 수 없다.

그런데 대인관계를 잘못 갖게 되면, 마음이 병들게 된다. 주의할 것은 미움, 시기, 질투, 분노를 없애야 한다.

(1) 이런 마음을 없애는 것은 감사밖에 없다

지금까지 살게 하신 것, 주신 것, 앞으로도 살 길, 주실 것을 생각하며 감사하기를 바란다. 감사로 제사드리라!

(2) 나보다 남을 낫게 여겨라

상대를 무시하거나 깔보는 태도, 오만한 태도, 불친절, 상대방에 대해 냉소적이고, 상처주는 말, 비난하는 말 등, 내이익만 생각하고 상대의 이익은 무관심한 것 등은 대인관계를 무너뜨린다. 이런 자세는 고쳐야 한다.

반드시 부메랑으로 돌아온다. 상대적이다. 가는 말이 고우면, 오는 말도 곱다!

"아무 일에든지 다툼이나 허영으로 하지 말고 오직 겸손한 마음으로 각각 자기보다 남을 낫게 여기고 각각 자기 일을 돌볼 뿐더러 또한 각각 다른 사람들의 일을 돌보아 나의 기쁨을 충만하게 하라"(빌 2:3-4)

(3) 남의 탓, 환경 탓 말라

물론 그럴 이유가 있겠지만 남의 탓을 하고, 환경과 조건을 탓한다고 회복되는 게 아니다.

회복되려면 내가 스스로 회복해야 한다. 스스로 하려고 하면 돕는 이들이 나타난다. 천사도, 협력자도, 지지 세력도 나타난다. 내가 부족하고, 내 마음에 문제가 있어서 그렇다고 생각하라!

(4) 독이 되는 사람은 피하라

사회에는 물론 교회에서도 독이 되는 사람이 있다. 그런 사람은 그저 예수님의 이름을 이용하는 것일 뿐이다. 예수님도 이런 사람은 피하셨고, 예수님도 독이 되는 사람의 말에는 침묵하셨다. 독이 되는 사람의 공격에 대한 최대한의 방어책은 ① 내가 먼저 그 나라를 구하고, ② 복받아 잘 되는 삶을 보여주는 것이다.

"그런즉 너희는 먼저 그의 나라와 그의 의를 구하라 그리하면 이 모든 것을 너희에게 더하시리라"(마 6:33)

먼저 그 나라와 그 의를 구하는 사람 중에 타인에게 독이 되는 사람은 없다. 오히려 해독해주는 분들이 되고, 유익이 되는 분들이 되시기를 축복한다.

3.
자신을 잃어버릴 때

열등의식과 좌절감, 존재감 없는 것은 무서운 독소, 바이러스, 병균이다. 이런 열등의식과 좌절감을 모두 받아들이면, 삶이 부정적이 되어 크게 마음에 병이 들게 된다. 또한 사람은 존재감이 없을 때 절망하게 되어 마음에 병이 든다.

사실 우리가 세상을 살아가는 게 힘들고, 또 문제는 끊임없이 다가온다. 문제가 없는 사람은 이 세상에 한 사람도 없다.

이러므로 삶은 항상 도전받고, 싸워가면서 살아야 한다. 도전에 대한 응전을 포기하면, 그 인생은 끝난 것이다. 가난과 저주와 질병과 싸워야 한다.

"끝났다. 안 된다. 망했다. 난 죽었다" 하면 그 말대로 된다! 이런 패배주의를 극복해야 한다. 하나님께서 천하보다 나를 더 사랑하고 계신다는 것을 생각하기 바란다. 나는 비록 질그릇 같은 존재이지만, 그러나 내 안에 보배인 예수님이 계신다는 사실을 잊지 말라!

요즘 한국 교회가 도전받고 있다. 연일 언론에서 교회 이야기이다. 어려움을 겪고 있지만, 결코 좌절해서는 안 된다.

지금 우리들의 환경이나 조건이 어려워도 반드시 교회를 통해 ① 하나님의 영광을 드러낼 것이며, ② 하나님 나라는 무너지지 않을 것이다. "이 또한 지나가리."

인류 역사에 보면 이런 코로나 같은 재앙이 여러 번 있었다. 그러나 인류는 다 극복하고 나왔다. 때가 되면 욥의 재앙을 멈추게 하신 것처럼, 하나님께서 멈추게 하실 것이다.

사람마다 달란트가 있고, 때를 따라 사용하시는 하나님께서 의료진들에게 지혜를 주셔서 치료제가 나오고, 백신이 나와 우리 모두 공유되어, 사라지게 하실 것이다. 그보다 중요한 것은 코로나가 '왜 발생했는가?'를 깊이 깨닫고, 우리 모두가 자성해야 한다.

건강한 몸은 성장하게 돼 있다. 우리 마음과 생각과 신앙이 건강하면 성장하게 돼 있고, 요동하지 않는다. 따라서 마음과 신앙이 건강하면, 문제가 문제될 것이 없다. 여전히 영육간에 성장할 것이다.

초대교회 성도들은 사자에게 찢기고, 불에 타면서까지 복음을 전했으며, 예수 믿는다는 이유로 경제적으로 불이익을 당하고 짓밟혀도 싸워 이겨나갔다.

이러므로 이러한 불굴의 의지를 가졌던 믿음의 선진들에게 우리가 오늘 겪는 어려움을 한번 호소해보라! "죽겠다" 하고…. 그러면 믿음의 선진들은 "웃기는 소리 한다!" 하실 것이다. "그게 무슨 고통이냐고 힘들다고 하느냐!"

이렇게 볼 때 지금 우리들이 세상이 어렵다고 말한다는 것은 실상 마음의 문제인 것이다. 죽지 않고 살아 숨 쉴 수만 있다면, 마음만 먹으면 사방으로 우겨싸임을 당해도 싸이지 않을 것이다.

"모든 지킬 만한 것 중에 더욱 네 마음을 지키라 생명의 근원이 이에서 남이니라"(잠 4:23)

따라서 우리는 마음에 '복'을 담고 있어야 한다. 복을 만드는 재료가 마음에 있어야 환경이 만들어진다. '나는 구원받았고, 아브라함의 복이 있다'는 생각을 담아놓아야 한다. 그리고 '약속 있는 희망이 있고, 복받고, 잘된다'라는 생각을 담아놓아야 한다. 마음에 생명을 주시는 예수님이 담겨져 있으면 생명의 역사가 일어난다.

"너희 안에 이 마음을 품으라 곧 그리스도 예수의 마음이니"(빌 2:5)

따라서 '주님'을 섬기며, '주님의 사랑'을 깨닫고, '보혜사 성령'을 경험하고, 하나될 때 마음의 건강을 유지하여, 행복한 사람으로 살 수 있는 것이다.

예수님은 우리에게 미래의 천국만 주시는 것이 아니라 현세의 천국도 주시길 원하신다. 그러면 과연 주님이 주시는 천국은 어디에 있는가? 주님은 "너희 마음에 있다" 하셨다.

"또 여기 있다 저기 있다고도 못 하리니 하나님의 나라는 너희 안에 있느니라"(눅 17:21)

그렇다! 내 마음이 천국 열쇠이다!

"하나님의 나라는 먹는 것과 마시는 것이 아니요 오직 성령 안에 있는 의와 평강과 희락이라"(롬 14:17)

바로 천국의 요소는 성령과 평강과 기쁨이다! 우리 모두의 마음이 이러하기를 축복한다. 그러기 위해 무엇보다 ① 염려, 근심, 두려움을 버려라! ② 대인관계 잘해라. ③ 자신감을 가져라. ④ 성령충만하라.

"내게 능력 주시는 자 안에서 내가 모든 것을 할 수 있느니라"(빌 4:13)

이와 같은 바울의 고백이 여러분의 고백이 되기를 바란다. 성령과 함께 하면 힘과 자신감을 주시고, 회복시켜주신다.

그리고 ⑤ 가정예배를 드려라. 가족신앙을 지키기 위해 가정예배를 드려야 한다. 위로와 격려, 소통과 화목의 통로, 문제 응답의 통로, 자신감 회복, 영적 힘을 얻는다. 이와 같이 축복의 통로가 되는 것이다.

이삭과 야곱은 각각 아버지가 장막에서 예배드리는 것을 보고 따라서 그대로 했다. 대를 이어 이같이 행하는 것을 하나님이 보셨다. 그리하여 복의 근원이 되는 가문이 되었다. 삶에 생기가 돌고, 쓴물이 단물로 바뀌었다. 죽을 맛이 살맛이 나고, 병든 마음이 치유되고, 회복되었다. 건강도 좋아지고, 재무구조도 좋아지고, 모든 것이 좋아지게 되었다.

따라서 우리 모두도 마음을 새롭게 하고, 자신감을 가지고 나가기를 바란다. 그러면 성령이 도우셔서 몸과 마음과 생활의 건강을 회복시켜주시고, 반드시 생육하고 번성하고 충만하고 정복하고 다스리는 삶이 다가오도록 성령께서 역사하실 것이다. 이러한 은혜가 있기를 축원한다.

긍정적인 신앙과 삶

고후 1:19-20

매사에 부정적인 사람이 있는가 하면, 긍정적인 사람이 있다. 성경에 "그 마음에 생각이 어떠하면 그 사람도 그러하다"(잠 23:7) 하였다. 부정적인 사람은 그 삶의 열매가 부정적이다. 반대로 긍정적인 사람은 열매가 긍정적이다. 믿음의 속성은 부정적이지 않다. 긍정적이다.

"믿음이 없이는 기쁘시게 못 하나니 하나님께 나아가는 자는 반드시 그가 계신 것과 상 주시는 이심을 믿어야 할지니라"(히 11:6)

이 말씀은 '믿음이 있어야 주님을 기쁘게 할 수 있고' 또한 '주님께 갈 때는 반드시 믿음을 가지고 가야 된다'라는 것이다.

'절대 긍정'을 말한다!

1.
긍정적인 삶의 자격

세상을 좇아 살던 삶이 하나님 중심주의 삶으로 돌아서면 긍정적인 삶을 살 수 있다. 하나님에게는 부정적인 것이 없기 때문이다. 오직 하나님에게는 철저한 긍정만이 있을 뿐이다.

"하나님의 약속은 얼마든지 그리스도 안에서 예가 되나니"(고후 1:20)

따라서 하나님을 떠난 삶 속에서는 참된 긍정적인 삶을 기대할 수 없다. 하나님은 긍정적인 신앙을 통해 역사하시고, 축복하신다.

또한 우리는 인류 조상 아담과 하와가 지은 원죄로 인해 가난과 저주와 질병, 죽음을 고통하며 살아왔는데, 이제 예수 그리스도께서 십자가를 통해 대속해주셨음으로 긍정적으로 살 수 있는 자격을 얻게 된 것이다. 이 대속의 은혜가 없이는 신앙과 삶을 긍정적으로 살고 싶어도, 결코 살 수 없는 것이다. 늘 죄의식, 허무와 탄식 속에 살 뿐이다.

우리가 내 안의 부정적인 생각을 뽑아버리고, 긍정적인 생각을 가지고 살게 되면 내 입술에서 좋은 말만 나오게 된다. 그러나 내가 부정적인 생각을 갖고 있으면 그 입술에서는 원망과 불평, 시기, 질투, 비난 등이 나온다.

광야생활을 하던 이스라엘 백성들이 그랬다. 매사에 불평, 원망, 죽는 소리만 했다. 감사가 없었다. "있다"는 말보다 "없다"는 말이 더 많았다. 따라서 우리는 화단에서 잡초를 뽑아버리듯이 우리 안에서 부정적인 생각을 다 뽑아버려야 한다. 긍정적인 생각을 가지고 있을 때 하나님의 의도를 따라가게 되고, 하나님 앞에 기쁨이 되고, 하나님의 섭리를 이해하고, 아름다운 승리의 신앙생활을 할 수 있는 것이다.

세상에는 '흑암'과 '광명'이 같이 존재한다. 하나님이 천지를 창조하실 때 '흑암과 공허함'이 있었다. 이것들은 부정적인 것들이었다. 그러나 하나님께서 "빛이 있으라!" 하시니, 대명천지가 되었다. 그리고 "보시기에 좋았다" 하셨다(창 1:4).

그러므로 하나님과 함께 하라! 뜻을 품어라! 그리하면 부정적인 어둠은 물러간다. 환한 빛을 보며 "오늘은 좋은 날"이라고 생각하고 말하라! 내 삶에 어둠은 물러가고, 밝고 맑은 대명천지가 펼쳐질 것을 기대하시를 바란다. '오늘 장사가 좀 되겠네' 긍정하고, 기대하라! 긍정적인 말을 선포해야 한다.

"그들에게 이르기를 야훼의 말씀에 나의 삶을 가리켜 맹세하노라 너희 말이 내 귀에 들린 대로 내가 너희에게 행하리니"(민 14:28)

하나님께서 '우리 말대로 행하시겠다'라고 하시니 '말조심'해야 한다. 따라서 우리는 살리는 입술이 되도록 해야 한다. 부정적인 것은 '성령의 검'으로 잘라내야 한다.

이사야가 하나님을 뵈었을 때, 천사들이 이사야의 입술에 하나님 제단의 숯불을 갖다 대었다. 숯불을 대자 부정한 것이 다 태워졌다. 그리고 이사야의 입술은 달라졌다. 믿음과 희망, 의인의식으로 가득 찼다.

늘 생각과 마음을 긍정적으로 가져야 한다. 똑같은 상황에서도 근심, 걱정하지 말고, 항상 기쁜 마음으로 밝게 살아가기를 바란다.

"너희는 이전 일을 기억하지 말며 옛날 일을 생각하지 말라. 보라 내가 새 일을 행하리니 이제 나타낼 것이라 너희가 그것을 알지 못하겠느냐 반드시 내가 광야에 길을 사막에 강을 내리니, 장차 들짐승 곧 승냥이와 타조도 나를 존경할 것은 내가 광야에 물을, 사막에 강들을 내어 내 백성, 내가 택한 자에게 마시게 할 것임이라. 이 백성은 내가 나를 위하여 지었나니 나를 찬송하게 하려 함이니라"(사 43:18-21)

하나님은 늘 우리에 대한 관심이 많고, 우리를 생각하고, 잘되기를 원하신다. 이보다 더 '긍정적'이고, '위로'가 되고, '힘이 되는 일'은 없다!

남미의 칠레와 아르헨티나는 서로 국경을 맞대고 있는 나라이다. 이 두 나라의 국경에 가면 두 나라 사이에 커다란 예수님의 동상이 서 있다. 이 동상을 세운 목적은 분쟁이 잦은 두 나라가 서로 싸우지 말고, 평화롭게 지내기를 염원하는 뜻에서 세운 것이다. 그런데 아이러니하게도 오히려 이 동상 때문에 전쟁이 일어날 위기에 처해졌다. 그 이유는 이 동상의 앞면인 예수님의 얼굴이 아르헨티나를 향하게 되어 있기 때문이다. 뒷면에 처하게 된 칠레 국민들의 불만이 폭발한 것이다. 들끓는 국민들의 성난 민심은 정부에 항의 소동으로 이어졌고, 폭력적인 데모 등 소요사태는 걷잡을 수 없을 지경에 이르게 되었다. 정부로서도 속수무책이었다. 그야말로 전쟁이 일어날 일촉즉발의 위기상황이 된 것이다.

이런 혼란 속에 한 신문기자가 이런 기사를 썼다. "예수의 동상이 아르헨티나를 바라보고 있는 것은 아르헨티나를 좋아해서가 아니라 그 나라를 감시하기 위해서다"라고 보도했다. 결국 '감시하고 보호하기 위해서'라고 국민을 설득한 것이다. 이 기사 덕분에 흥분했던 칠레 국민들의 감정이 서서

히 누그러지고 시간이 흐르면서 차츰 평온이 찾아왔다는 것이다.

여기서 우리가 알 수 있는 것은 '같은 사안이라도 그 사안을 어떤 시각으로 보느냐에 따라 그 결과가 달라질 수 있다'는 것이다.

내 생각과 내 입장에서만 보면 근심, 걱정거리라 할지라도, 그러나 반대로 하나님 편에서 보면 다르게 보인다. 홍해 앞에 진퇴유곡에 빠진 이스라엘 백성들을 보라! 절망과 원망, 불평의 말을 쏟아냈다. 부정적인 말을 해댔다. 그러나 모세는 "야훼 하나님께서 어떻게 우리를 구원하시는지 보라!" 하였다!

우리가 긍정적인 마음 자세를 갖느냐, 아니면 부정적인 마음 자세를 갖느냐에 따라 결과는 완전히 다르게 나타난다.

하나님께서는 "작은 겨자씨만 한 믿음만 있어도, 저 산을 명하여 바다에 던지우라 하면 그대로 되느니라" 하고 말씀하였다.

이스라엘 백성들이 집단적으로 원망, 불평, 부정적이어도 그중 한 사람, 모세의 고백을 들으셨다. 그 고백을 통해 '기적'을 일으키셨다. 홍해를 가르신 것이다.

따라서 가정 안에 한 사람이라도, 아니 공동체에 한 사람이라도 긍정하고 믿음으로 나가면, 하나님은 그 사람을 통해 역사하신다. 따라서 우리 모두 '내가 그 한 사람'이 되어야 한다.

오병이어의 기적도 그랬다. '안 된다' 하는 빌립보다 작은 오병이어를 가지고 나온 안드레를 통해 역사하셨다. 따라서 '안 된다'라고 하면 안 되는 것이고, '된다!'라고 하면 되는 것이다. 관점만 바꿔서 다르게 생각하면 되는데, 고정관념에 잡혀 있으면 참 안 되고, 어렵다.

그래서 삶 속에서도 부정적인 마음 자세를 가지면 근심, 걱정이 떠날 날이 없다. 그러므로 '하나님께서 무엇인가 뜻이 있어서 이렇게 하신 것'이라고 긍정적인 마음 자세를 가지고 하나님 입장에서 받아들이라! 그러면 합력해 선을 이루시고, 결과가 좋게 되는 것이다. 그래서 우리가 항상 긍정적인 방향으로 가면 기쁨은 커지고, 부정적인 마음자세를 가지면 근심, 걱정은 더 커지게 된다.

이러므로 여러분! 우리는 첫째, 하나님에게는 '긍정'만 있지, '부정이 없다'는 사실을 기억해야 한다. 둘째, 예수 그리스도로 말미암아 우리의 부정적인 요소인 가난과 저주와 질병과 죽음을 대속하시고, 3중 축복, 오중복음인 중생, 성령충만, 신유, 축복, 재림을 보장하셨다는 '사실'로 '근원적'으로 긍정적인 삶을 살 자격을 갖고 있음을 기억해야 하는 것이다.

2.
긍정적일 수 있는 이유

하나님께서 그리스도인들에게 주신 말씀은 "저 하늘이 무너지고, 이 땅이 변해도 일점일획 변하지 않는다"(마 5:18)라고 하였다. 이 때문에 우리들은 창세기부터 요한계시록까지 있는 하나님 약속의 말씀 위에 서서 기도하며, '긍정적'이고도 '담대하게' 살아갈 수 있는 것이다.

사도 바울이 그랬다. 그는 전도여행을 다닐 때마다 '긍정적'이었다. 긍정적인 하나님의 일을 할 때 결코 '부정적'이지 않았다.

"내게 능력 주시는 자 안에서 내가 모든 것을 할 수 있느니라"(빌 4:13)라고 고백했다. 바울에겐 '못 한다, 안 된다, 아니요!'가 없었다. "내게 능력 주시는 자 안에서 모든 것을 할 수 있다"(빌 4:13)라는 말은 '그리스도 때문에 어떤 어려움에서도 감당할 수 있다'라는 말이다.

로마로 압송 중에 지중해에서 태풍 유라굴로를 만났을 때도 그랬다.

"여러 사람이 오래 먹지 못하였으매 바울이 가운데 서서 말하되 여러분이여 내 말을 듣고 그레데에서 떠나지 아니하여 이 타격과 손상을 면하였더라면 좋을 뻔하였느니라 내가 너희를 권하노니 이제는 안심하라 너희 중 아무도 생명에는 아무런 손상이 없겠고 오직 배뿐이리라"(행 27:21-22)

절대 긍정이다! '그렇게 되리라' 하고 확신했다! 뿐만 아니라 '풍부'에 처할 줄도 알고, '비천'에 처할 줄도 알았다.

"나는 비천에 처할 줄도 알고 풍부에 처할 줄도 알아 모든 일 곧 배부름과 배고픔과 풍부와 궁핍에도 처할 줄 아는 일체의 비결을 배웠노라"(빌 4:12)

내게 능력 주시는 자 안에서 내가 모든 것을 견딜 수 있다는 뜻이다. 감당할 수 있다는 말이다. 내 힘이 아니라 그리스도의 힘으로 말이다.

사도 바울이 3차 전도여행 때의 일이다. 밀레도에서 에베소 장로들 앞에서 '마지막 설교'를 하였다. 이후 두로에 가서 7일 동안을 머물러 있었다. 이때 제자들이 "핍박자들이 있어 위험하니 예루살렘으로 들어가지 말라" 하고 만류하였다. 하지만 바울은 "가야 된다"라며 작별하고, 돌레마이와 가이샤라로 가서 빌립 집사의 집에 머물렀다.

그런데 빌립 집사에겐 딸 넷이 있었는데, 예언하기를 "예루살렘으로 가지 말라" 하고 이야기하였다. 그뿐 아니라 또 아가보 선지자도 바울의 띠를 가져다가 수족을 묶는 시늉을 하면서 바울에게 "이렇게 당신의 수족을 묶을 것이니까, 예루살렘으로 들어가지 말라" 하고 당부하였다. 그럼에도 불구하고 바울은 "나는 예수의 이름으로 결박을 받을 뿐만 아니라, 예루살렘에서 죽을 각오가 돼 있다. 나는 간다" 하며 떠났다.

바울은 전도여행을 다닐 때마다 '부정적인 마음'이나 '안 된다는 마음'이 아니라 항상 자기가 가는 발걸음마다 주님께서 역사하실 것이라는 '믿음과 긍정적인 자세'를 갖고, 복음을 전하는 전도여행을 감당하였던 것이다.

바울은 실라와 함께 감옥에 갇혔어도, 상황을 부정적으로 대하지 않았다. 긍정적으로 받아들였다. 그래서 감옥에서 찬양을 했다. 오히려 자유롭게 살고 있던 빌립보 교인들에게 "감사하라, 기뻐하라!" 하였다. 참 여유와 희망적인 자세이다!

바울의 몸에는 가시가 있었다. 이를 위해 여러 번 기도했다. 그러나 그는 몸 안의 가시에 대해 이같이 말한다.

"이것이 내게서 떠나가게 하기 위하여 내가 세 번 주께 간구하였더니 나에게 이르시기를 내 은혜가 네게 족하도다 이는 내 능력이 약한 데서 온전하여짐이라 하신지라 그러므로 도리어 크게 기뻐함으로 나의 여러 약한 것들에 대하여 자랑하리니 이는 그리스도의 능력이 내게 머물게 하려 함이라 그러므로 내가 그리스도를 위하여 약한 것들과 능욕과 궁핍과 박해와 곤고를 기뻐하노니 이는 내가 약한 그때에 강함이라"(고후 12:8-10)

바울은 하나님께서 하라고 하시는 '이방인의 선교'를 21년이나 했다. 그때마다 바울은 부정적인 마음 자세가 아니라 긍정적인 마음 자세를 가지고 주님의 일을 감당하였다.

따라서 우리도 주님께서 우리 각자에게 일을 맡기실 때 부정적인 생각을 갖지 말고, 긍정적인 마음자세를 갖고 감당해야 하는 것이다.

무엇보다 우리가 긍정일 수밖에 없는 이유는 여기에 있다. 바로 (롬 8:28) 말씀이다! "우리가 알거니와 하나님을 사랑하는 자 곧 그의 뜻대로 부르심을 입은 자들에게는 모든 것이 합력하여 선을 이루느니라" 아울러 하나님은 우리에게 또 좋은 기회를 주시기 때문이다.

형제들이 요셉을 팔았으나, 나중에는 요셉이 애굽 총리가 되고 이스라엘 민족이 애굽에서 민족국가의 기틀을 형성하게 된다. 결말이 선하게 매듭지어진 것이다. 요셉의 형제들이 요셉에게 행한 일이 잘한 일이라는 뜻이 아니라 하나님이 그들의 과거의 잘못도 복의 재료로 사용하신 것이다.

왜 그런가? 첫째, 요셉은 하나님이 사랑하는 자이기 때문이다. 둘째, 하나님의 부르심을 받았기 때문이다.

우리들도 마찬가지다! 따라서 하나님의 뜻은 언제나 우리를 향해 긍정이요 희망이니, 우리 모두 용기를 갖고 나가서 긍정의 삶을 이루게 되기를 축복한다.

3.
긍정적일 수 있는 조건

하나님을 온전히 섬기며 경배하고, 헌신하며 십일조를 드리며, 이웃에게 전도하면, 하나님을 기쁘시게 하고 신앙과 삶을 밝고 환하게 긍정적으로 살 수 있다. 그리고 성령의 인도를 따라 우리의 욕심을 버리고 살면 부정적인 삶이 긍정적인 삶으로 돌아서게 된다.

나아가서 우리가 인간의 수단과 방법을 포기하고 모든 것을 하나님께 맡길 때 영혼이 잘됨같이 범사에 잘되고, 강건하게 해주시는 것이다. 그리고 무엇보다 긍정적인 조건을 찾으라!

소년 다윗이 거인 골리앗과 싸울 때 보라! 그는 이미 승리를 장담했다.

"오늘 야훼께서 너를 내 손에 넘기시리니 내가 너를 쳐서 네 목을 베고 블레셋 군대의 시체를 오늘 공중의 새와 땅의 들짐승에게 주어 온 땅으로 이스라엘에 하나님이 계신 줄 알게 하겠고 또 여호와의 구원하심이 칼과 창에 있지 아니함을 이 무리에게 알게 하리라 전쟁은 야훼께 속한 것인즉 그가 너희를 우리 손에 넘기시리라"(삼상 17:46-47)

다윗은 단창이 없지만, '자신의 무기가 유리하다'라고 생각했다. 이스라엘 군사들은 골리앗을 물리치기에는 '너무 큰 사람'이라고 생각했다. 그들은 두려움에 떨며 감히 저항하지 못했다.

그러나 다윗은 돌팔매가 날아가 맞추기에는 '골리앗의 몸집이 너무 크다' 하고 생각했다. 그래서 자신만만하게 속으로 쾌재를 불렀다. 생각의 출발점을 어떻게 잡느냐에 따라 전혀 다른 결과가 나타난다.

이러므로 우리는 예수 그리스도를 통해 첫째, 긍정적일 수 있는 자격을 갖추고, 둘째, 긍정적일 수 있는 조건을 확보함으로 다윗처럼 얼마든지 위대한 복된 삶을 살 수 있는 것이다.

C. S. 루이스는 유명한 풍자적 얘기를 했다.

어느 날 고양이 한 마리가 런던을 방문했다. 루이스는 런던을 방문하고 의기양양하게 돌아오는 고양이에게 물었다. 이 고양이의 이름은 푸쉬였다. "푸쉬야, 푸쉬야. 너 어디 갔다 오니?" "예, 나는 여왕을 만나러 런던에 갔다 오는 길입니다."

다시 물었다. "푸쉬야, 너는 무엇을 보았니?" "나는 여왕의 의자 밑에 있는 생쥐를 보았습니다." 대단히 풍자적인 이야기이다.

고양이는 런던의 아름다운 왕궁에 가서 엘리자벳 여왕이나 찬란한 궁궐의 그 아름다운 역사적인 사적을 본 것이 아니라, 겨우 여왕의 의자 밑에서 기어다니는 생쥐를 본 것이다.

사람들의 아름다움이나 긍정적인 면을 보지 않으려고 하는 사람들이 있다. 이 생쥐처럼 사람들 속에 있는 어두운 구석을 찾기에만 혈안이 되어 있는 사람들이 있다. 이런 사람들은 비판의 생리적 노예가 되어버리는 것이다.

그러면 과연 나는 어떤 사람인가? 상대방의 장점을 찾는 사람인가? 아니면 상대방의 단점을 더 찾으려고 하는 사람인가?

오늘도 매사에 긍정적으로 생각하며, 아름답고 복되게 살아가시기를 바란다.

세상의 믿지 않는 사람들도 긍정적, 적극적 사고를 장려하지 않는가! 하물며 전지전능, 무소부재하신 하나님을 믿는 그리스도인들이 긍정적인 신앙과 삶의 태도를 가질 때 어찌 위대한 삶을 살지 않겠는가! 사람은 그 생각을 어떻게 하느냐에 따라 인생이 바뀐다. 그렇다. 행복하다고 생각하면 행복이 찾아온다.

그러므로 "내 스스로 행복하다!" 하고 선포해보라! 그러면 더 큰 행복이 당신을 찾아올 것이다. 내가 좋은 일만 생각한다면 내 인생은 더 멋진 인생이 될 것이다.

요즘 부정적인 일들이 발생해 너무나 어려운 시기이다. 여러분들이 긍정적인 생각으로 기도할 때에 긍정적인 결실을 맺을 것이다. 잘될 것이다, 좋은 일이 일어난다, 길이 열린다, 고침받는다, 긍정적인 인생을 살게 될 것이다. 말한 대로 그렇게 되시기를 축원한다!

왔노라 보았노라 이겼노라

요 10:10

로마의 시저는 "왔노라, 보았노라, 이겼노라!" 하고 세계
문장사에 길이 남을 어록을 남겼다.

그러나 이와 같은 그의 외침은 세상의 막강한 권력을 잡
았다는 자만감에서 나온 것이다. 그러나 진정한 만왕의 왕
이신 예수님이 이 땅에 오신 것은 세상 권력을 얻기 위함이
아니었다.

1.
자신을 주시기 위해 오셨다

이 유명한 어록은 로마의 장군이자 정치가였던 율리우스
시저가 기원전 47년 8월 초에 소아시아 지역을 점령했을
당시 했던 말이다. 자신의 군사적 우월감과 내전 승리의
확신을 원로원과 시민에게 전달하고자 하는 마음이 들어

있다.

그러나 우리 주님은 만왕의 왕으로서 '높고 높은 하늘 보좌'를 내버려두시고, '낮고 천한 이 땅'에 오신 것이다. 이 세상을 다스리기 위해 오신 게 아니라 섬기러 오셨다. "인자의 온 것은 섬김을 받으려 함이 아니라 도리어 섬기려 하고 자기 목숨을 많은 사람의 대속물로 주려 함이니라"(막 10:45)

"도적이 오는 것은 도적질하고 죽이고 멸망시키려는 것뿐이요 내가 온 것은 양으로 생명을 얻게 하고 더 풍성히 얻게 하려는 것이라"(요 10:10)

주님은 아담과 하와가 선악과를 먹음으로 범죄하여 망가뜨린 세상을 아름답게 하기 위해서 오셨다. 하나님은 창조 때 해, 달, 별의 삼라만상을 만드시고, "보시기에 좋았더라"라고 하셨다.

바다와 산, 초목산천, 동물과 사람과 하와를 만드시고 역시 "보시기에 좋았더라" 하셨다. 만드신 것마다 "보시기에 좋았더라" 하였다. 그만큼 세상은 아름다운 것이었다.

그러나 아담과 하와가 범죄한 후로 가시와 엉겅퀴를 냄으로 별로 아름답지 못한 세상이 된 것이다. 가난과 저주, 병마, 사망으로 얼룩졌다. 슬픔과 탄식이 몰려왔다. 모든 것이 풍족했는데, 이제는 모든 것이 모자랐다. 사랑도, 행복도, 먹고, 입는 것도 그러했다.

그때부터 인간사회는 아귀다툼의 현장이 되고, 양육강식이 만연했다. 에덴의 문화는 사라지고, 바벨론 문화가 자리 잡았다. 우상이 난무하고, 인본주의가 자리 잡았다. 그리하여 패역하게 되고, 문란해졌다. 지저분해졌다. 이러한 세상을 새롭게 하고, 성결케 하고, 아름답게 회복하시려고 주님이 오신 것이다.

또한 마귀의 일을 멸하러 오셨다. "하나님의 아들이 나타나신 것은 마귀의 일을 멸하려 하심이라"(요일 3:8)

주님은 길이요, 진리요, 생명으로 오셨다. 그분으로 인해 길을 잃은 인류가 올바른 길을 찾게 되었고, 진리 안에서 무지와 어리석음, 귀신의 압제에서 자유를 얻게 되었다. 그리고 영생에 이르게 되었다. 사람이 죽은 후 불교에서 주장한 대로 구천에 떠도는 귀신이 되는 게 아니다.

101살 되는 김형석 박사는 "석양에 돌아갈 집이 있는 사람과 돌아갈 집이 없는 사람과의 삶은 다르다"라고 역설했다.

주님은 당신을 위해 오신 게 아니라 우리를 위해 오셨다. 구원하시고, 섬기고, 사랑하기 위해 오셨다. 그러므로 우리는 희망을 얻은 것이다. 그분이 오심으로 인류는 복을 받은 것이다.

2.
우리의 처지를 보셨다

(1) 압제받는 백성들을 보셨다

"이제 이스라엘 자손의 부르짖음이 내게 달하고 애굽 사람이 그들을 괴롭게 하는 학대도 내가 보았으니…(중략)…너희가 애굽에서 당한 일을 보았노라"(출 3:9, 16)

주님은 압제받는 백성들을 보시고, 건지시기 위해 오셨다. 가난한 자에게 복음을 전하시고, 포로된 자에게 자유를, 희망을 잃고 앞날이 안 보이는 자에게 다시 보게 하며 눌린 자를 자유케 하기 위해서 오신 것이다(눅 4:18).

(2) 히스기야의 병든 처지를 보셨다

생로병사로 죽을 병에 걸렸다. 그러나 살 만큼 살아도 인간은 마지막 삶에 애착을 갖는다. 그래서 벽을 향해 기도한다.

"하나님, 나의 젊은 날을 기억하여주시고, 병을 고쳐주시옵소서" 그의 젊은 날은 종교개혁과 하나님과 연합했다.

이렇게 나오자 하나님도 어찌할 수 없었다. "내가 네 기도를 들었고 네 눈물을 보았노라 내가 너를 낫게 하리니 네가 삼 일 만에 야훼의 전에 올라가겠고"(왕하 20:5) 하셨다. 그의 생명을 보너스로 15년이나 연장시켜주었다.

하나님은 우리의 젊은 날을 기억하신다. 과연 우리는 젊은 날을 어떻게 보냈는가? 잘못 보냈다면 지금도 늦지 않았다. 주님 기뻐하시는 삶을 살면 되는 것이다. 국민연금도 젊은 날부터 들어두면 나중에 큰 이익인 것처럼 말이다.

또한 예수님은 베데스다의 연못에 38년 동안 병든 사람을 보시고 치료해주셨다.

(3) 배고픈 자의 배를 채워주셨다

① 기근 때 먹을 것이 없어 죽게 된 사르밧 과부에게 기름을 선물로 주어 어려움을 극복할 수 있게 하셨다.
② 이스라엘 백성이 광야에서 "고기 먹고 싶다!" 했다. 모세가 하나님께 구하기를 "백성들이 고기 먹고 싶다 합니다." 이때 하나님은 "입에서 고기 냄새가 날 정도로 주리라" 하였

다. "이 모든 백성에게 줄 고기를 내가 어디서 얻으리이까 그들이 나를 향하여 울며 이르되 우리에게 고기를 주어 먹게 하라 하온즉…(중략)…야훼께서 너희에게 고기를 주어 먹게 하실 것이라…(중략)…하루나 이틀이나 닷새나 열흘이나 스무 날만 먹을 뿐 아니라 냄새도 싫어하기까지 한 달 동안 먹게 하시리니"(민 11:13, 18-20) 하나님은 약속대로 메추라기를 억수로 보내주셨다.

③ 디베라 광야에서 주님은 무리가 배고파하시는 모습을 보셨다. 아주 작은 믿음과 긍정의 자세를 보시고, 오병이어 기적을 베푸셨다.

(4) 소외된 여인의 처지를 보셨다

사마리아 우물가에서 만난 외롭고 소외된 여인의 처지를 보시고, 참 구원을 주셨다. 남편을 다섯이나 바꾼 슬픈 여인으로서 세상 사람들이 외면하는 인생이었다. 그녀를 주님은 일부러 찾아가서 만나주셨다. 예수님을 만나 이야기를 나눈 후 그녀는 마을 사람들에게 뛰어가 "오늘 내가 메시아를 만났다. 모두들 나와 만나시라" 복음을 전하여, 마을 사람들로 하여금 구원을 받게 하고, 자신은 제자가 되었다.

(5) 강도의 호소를 보셨다

예수님과 함께 십자가에 달린 우편 강도의 "낙원이 이르실 때 나를 기억해달라" 하는 긍정적인 호소를 보시고, 낙원을 허락하셨다. 흉한 강도였다. 그럼에도 짧은 시간에 눈곱만한 긍정과 희망으로 고백했는데, 주님께서 그것을 기억하시고 함께 낙원에 이르게 하셨다. 주님은 우리의 신음 소리까지 들으신다.

(6) 남을 압제하는 사람들도 심판의 눈으로 보신다

"모세가 온 이스라엘을 소집하고 그들에게 이르되 야훼께서 애굽 땅에서 너희 목전에 바로와 그 모든 신하와 그 온 땅에 행하신 모든 일을 너희가 보았나니"(신 29:2)
한편 이스라엘도 좋지 않게 보셨다. "야훼께서 또 내게 일러 가라사대 내가 이 백성을 보았노라 보라 이는 목이 곧은 백성이니라"(신 9:13)

나봇의 포도원을 빼앗은 아합 왕도 보셨다(왕상 21장). 아합 왕궁 가까이 나봇의 포도원이 있었다. 아합이 나봇에게 "너의 포도원을 내게 팔아 나로 하여금 채소밭이 되게 하라"

했다. 그러나 나봇은 거절했다.

"왕이 그에게 이르되 내가 이스라엘 사람 나봇에게 말하여 이르기를 네 포도원을 내게 주되 돈으로 바꾸거나 만일 네가 좋아하면 내가 그 대신에 포도원을 네게 주리라 한즉 그가 대답하기를 내가 내 포도원을 네게 주지 아니하겠노라"(왕상 21:6)

그러자 아합은 화가 나서 밤잠을 이루지 못했다. 이 사실을 안 왕후 이세벨은 귀족들과 궤계를 꾸미며 "나봇이 하나님과 아합 왕을 저주했다"라고 모함했다. 이처럼 나봇에게 죄를 뒤집어씌우고는 그를 죽였다. 이 사실을 보고 계셨던 하나님은 엄청나게 진노하셨다. 분노하신 하나님은 엘리야에게 이같이 말씀하셨다.

"너는 그에게 말하여 이르기를 야훼의 말씀이 네가 죽이고 또 빼앗았느냐고 하셨다 하고 또 그에게 이르기를 야훼의 말씀이 개들이 나봇의 피를 핥은 곳에서 개들이 네 피 곧 네 몸의 피도 핥으리라 하였다 하라"(왕상 21:19)

하나님은 교만한 백성이나 패역한 인간을 보시고, 반드시 손보신다. 따라서 ① 내 이익을 위해, 남에게 돌아갈 이익을 빼앗으면 안 된다. ② 내가 살기 위해 남을 모함하여 죽여서는 안 된다.

(7) 나다니엘을 부르셨다

나다나엘이 무화과나무 아래 있는 것을 보시고 부르셨다. "나다나엘이 이르되 어떻게 나를 아시나이까 예수께서 대답하여 이르시되 빌립이 너를 부르기 전에 네가 무화과나무 아래에 있을 때에 보았노라"(요 1:48)

"예수께서 나다나엘이 자기에게 오는 것을 보시고 그를 가리켜 이르시되 보라 이는 참으로 이스라엘 사람이라 그 속에 간사한 것이 없도다"(요 1:47)

주님은 우리의 성품을 아신다. 따라서 선하고 곱게 가져야 한다.

(8) 고넬료의 경건함과 구제하는 것을 보셨다

"그가 경건하여 온 집안과 더불어 하나님을 경외하며 백성을 많이 구제하고 하나님께 항상 기도하더니 하루는 제구 시쯤 되어 환상 중에 밝히 보매 하나님의 사자가 들어와 이르되 고넬료야 하니 고넬료가 주목하여 보고 두려워 이르되 주여 무슨 일이니이까 천사가 이르되 네 기도와 구제가 하나님 앞에 상달되어 기억하신 바가 되었으니 네가 지금 사람들을 욥바에 보내어 베드로라 하는 시몬을 청하라"(행

10:2)

주님은 고넬료로 하여금 사도 베드로를 초청하여 가솔들이 성령충만받게 하도록 하시고, 고넬료를 이방인 복음화에 큰 재목으로 사용하셨다.

주님은 이처럼 경건하고, 믿음이 좋고, 선한 일을 하는 사람들도 보시고, 기억하시고, 축복의 도구로 삼으신다.

동시에 불쌍하고 나약한 인생들을 기억하시고 도와주셨다. 배우지 못한 제자들, 예수님, 모두 사회적 약자였다. 비주류였다. 주류는 제사장, 바리새인, 사두개인, 부자들이었다.

예수님은 당시 로마의 신화에 나오는 제우스, 포세이돈 등에 비해 미미한 비주류였다. 그러나 이러한 비주류가 로마를 엎어버렸다. 정복자가 된 것이다.

주님은 도우신다. 그리고 강력한 메시지를 주신다. 더 이상 비주류로 살지 말아야 한다. 주류와 살아야 한다.

주님은 오늘날 우리를 보고 계시고, 고난 속에 있을 땐 도우신다. 주님은 오늘 아침에도 우리를 보고 계시고, 또 대한민국을 보고 계시고, 지구촌을 보고 계신다.

침략자 푸틴도 보시고, 중국도 보고 계실 것이다. 푸틴의 악함과 시진핑의 오만함을 보시고, 패역함을 기억하고 계신다. 하나님을 두려워하지 않고, 우습게 여기는 것을 기억하신다.

지도자가 잘못하면 백성들이 생고생이요, 고난이다. 그렇다! 지도자 잘못 만나니 백성들이 생고생이다. 그러나 하나님은 의롭고, 올바로 살고저 하는 사람과 나라를 도우신다.

따라서 하나님 보시기에 합당한 삶을 살라! 그리하면 하나님이 도우시고, 기억하시고, 크고 놀라운 선한 역사를 베풀어주실 것이다.

3.
사랑의 십자가로 이기셨다

이 땅에 오신 주님은 전능하신 하나님이다. 전지전능, 길, 진리, 생명이다. 그러나 그 권세와 권능을 과시하기 위해 사용하지 않으셨다. 오직 영혼 구원을 위해 사용하셨다.

상대를 짓밟음으로 이긴 것이 아니라 스스로 져주심으로 사랑으로 이겼다. 그러나 부활하심으로 과연 누가 진정한 승리자인지 증명하셨다. 그분의 이기심은 인류의 운명을 바꾸시고, 희망이 돼주셨다. 인생들을 전인적으로 구원하셨다.

따라서 삶이 고달프고 ,힘들고, 외롭고, 슬픈 현실이라도 결코 탄식 마시기 바란다. 이기신 주님이 함께하신다.

우리도 할 일이 많다. 공허하고, 혼돈한 세상을 코스모스로 만들어가야 하는 것이다. 살기 좋은 세상! 살맛나는 세상을 만들어야 한다. 하나님 기뻐하시는 세상을 만들어야 한다.

구세군은 큰 교단이 아니다. 목회자 수는 불과 700여 명밖에 되지 않는다. 그러나 국민의 신망과 신뢰도가 굉장히 높다.

왜 그런가? 자선냄비 때문이다. 사회적 약자를 위해 온정을 베풀자는 운동에 앞장서기 때문이다. 나눔 운동에 앞장서는 모습이 긍정적으로 비춰진 것이다. 바로 이것이다! 우리에게 이것이 필요하다!

성령은 말씀 따라 오셨다. 말씀은 운동력이 있다. 성령은 길, 진리, 생명으로 행동하신다. 아울러 우리들도 행동하게 만드신다.

하나님은 해! 주님은 빛! 성령은 따뜻함이다. 그분이 오늘도 우리에게 빛으로, 따뜻함으로 행동하신다. 사랑과 위로와 희망으로 이끄신다!

따라서 삶이 외롭고 힘들다 할지라도 결코 나 혼자가 아님을 알고, 희망을 갖고 힘차게 살아가야 한다. 세상을 이기신 주님을 바라보고, 담대하게 나아가기를 바란다.

주님은 우리들에게 "뱀과 전갈을 밟으며, 원수의 모든 능력을 이길 수 있는 권세를 주셨기 때문에" 성령과 함께 나가면 반드시 승리하며 살게 될 것이다.

미국 텍사스주 지역에 사는 발렌틴 그리말도라는 사람은 맹독성 뱀 코브라에게 물렸으나 즉시 이 뱀을 죽인 후 그 껍질을 벗겨 지혈대로 이용, 생명을 구했다.

이 사람은 코브라에게 물리자 그 위기의 순간에 두려워하지 않고, 이같이 대처한 뒤 지나가는 사람에게 도움을 요청하여, 응급실로 급송돼 살아난 것이다.

조그만 역경에도 금방 주저앉아 포기하는 현대인에게 이 사건은 용기를 주는 정면교사가 되고 있다. '호랑이굴에 끌려가도 정신만 차리면 산다'라는 말이 있지 않은가.

따라서 아무리 힘들고, 두려운 일이 눈앞에 놓였더라도 강하고, 담대해야 한다. 우리는 얼마든지 이길 수 있다.

"이것을 너희에게 이르는 것은 너희로 내 안에서 평안을 누리게 하려 함이라 세상에서는 너희가 환난을 당하나 담대하라 내가 세상을 이기었노라"(요 16:33)

세상을 이기신 주님은 우리의 문제보다 크시다.

조용기 목사님이 때로 문제에 봉착할 때 "하나님 저는 바보입니다, 어리석었습니다" 하면, 이때 하나님은 "나는 바보가 아니다. 나는 창조주이다. 내가 도와주리라" 하신다고 말했다.

하나님은 우리가 어떤 나쁜 정황에 있더라도 지키시고, 도우신다. 주님은 성령으로 행동하셔서 우리로 하여금 가난과 저주와 병마를 이기게 하시고, 로마의 시저처럼 '왔노라! 보았노라! 이겼노라!' 하며 승리를 외치게 하시고, 진정한 평안과 행복, 생명과 번성을 주실 것이다.

| 제3장 |

사랑과 희망의 전령사

종교개혁과 교회성장

히 18:1-8

오늘은 마틴 루터에 의한 종교개혁 503년을 맞는 기념 주일이다. 종교개혁은 16세기 당시 부패한 가톨릭에 대한 쇄신운동이었다. 교황무오설, 면죄부 판매, 수도원 타락 등에 대한 개혁이었다. 마틴 루터가 비텐베르크 성당에 로마 천주교의 이와 같은 잘못된 내용을 중심으로 한 95가지를 벽에 붙임으로 역사의 한 분기점이 된 종교개혁이 시작되었다. 루터는 '오직 믿음, 오직 성경, 오직 은혜'를 외치며 종교개혁을 과감하게 단행하였다.

1.
본질로 돌아오는 것

개혁은 변질된 것을 본래 것으로 돌이키는 것을 말한다. 본질로 돌아오게 하는 게 개혁이다. 진정한 개혁은 포장만

새로워지는 게 아니라 그 안의 알맹이, 즉 내용이 새롭게 변화되는 것이다.

(1) 히스기야의 개혁

아버지 아하스가 섬겼던 우상과 산당들을 깨부쉈다. 그리고 백성에게 "하나님께서 복을 주셔야 그것이 온전한 복"이라고 외쳤다. 히스기야 왕의 이런 철저한 개혁은 잃어버린 야훼 신앙을 회복하기 위한 것이었다(왕하 18장). 물이 너무 오래 고여서 썩어버린 것과 같이, 유다 왕국은 오랫동안 야훼 신앙의 본질을 잃어버리고 우상숭배를 하고 거기에 안주하고 있었던 것이다.

그 결과 이웃 앗수르에게 굴욕을 당하고 있었다. 땅도 빼앗기고, 조공을 바치고 있었다. 하나님의 규범을 잃어버리니 종교적, 사회적으로 타락했다.

히스기야는 유대 나라가 이렇게 된 것은 야훼 신앙을 버렸기 때문이라는 사실을 알았다. 그래서 먼저 그릇된 신앙을 바로잡았던 것이다. 우상을 타파하고, 산당을 무너뜨린 후 하나님께 제사드렸다(왕하 18장). 선지자들을 통해 하나님의 말씀 회복에 힘썼다.

개혁신앙이란 이와 같이 퇴폐한 우상숭배와 그에 따른 도덕적 타락을 철저하게 척결하고, 하나님을 가장 높은 곳에 모시고, 하나님 중심주의의 삶과 높은 영적 이상을 실현하도록 만들어주는 것이다.

(2) 요시아 왕의 개혁

히스기야 못지않게 종교개혁을 한 인물이 바로 요시아 왕이다. 그는 태양신, 아세라 등 우상을 척결하고(대하 34:2-7), 성전을 다시 깨끗하게 수리하고, 본래 모습을 되찾고자 해서 공사를 시작하였다. 그런데 그곳에서 두루마리를 하나 발견하게 된다.

그것은 신명기에 해당하는 책이었다. 그 책을 읽는 순간 "임금은 애통해하며 옷을 찢었다"라고 하였다. 거기에 적힌 말씀들은 요시야에게는 전혀 새롭게 듣는 하나님의 말씀이었기 때문이다.

요시야는 이 말씀을 듣는 순간, 유다 백성들의 신앙을 개혁하지 않으면 하나님의 심판을 면치 못할 것이라는 위기감을 갖고, 바로 이 책을 지표삼아 개혁에 착수하였다. 정치, 경제, 문화, 교육 등을 쇄신했다(왕하 23:23-25).

하나님 말씀 없이 진정한 믿음을 얻을 수 없고, 말씀 없이 영적 각성은 결코 일어나지 않는다. 그래서 루터는 "오직 성경"이라고 외쳤다, 그렇다! 성경으로 돌아가 그 속에서 '진리'를 발견하고, 이 세상을 이기고, 마귀를 이기고, 가난을 이기는 능력을 얻어야 하는 것이다.

하나님의 말씀만이 참된 개혁의 신앙으로 인도해주실 것이다.

(3) 유다 3대 왕 아사의 개혁

히스기야 왕 못지않게 종교개혁을 한 인물이 또 있는데, 아사이다. 유다 3대 왕인 아사 왕도 히스기야처럼 하나님이 보시기에 좋은 일, 올바른 일을 하였다. 이방 제단과 산당을 없애고, 아세라 목상을 부수었다.

그는 또 유다 백성에게 명령을 내려서, 조상들이 섬겼던 야훼 하나님의 뜻을 찾고, 하나님의 율법과 명령을 실천하게 하였다.

그러던 어느 날 구스라 불리는 에티오피아 왕 세라가 유다를 향해 백만 대군에 병거 삼백 대를 이끌고 쳐들어왔다. 이때 아사 왕은 그를 맞아 싸우려고 나아가, 마레사의 스바다 골짜기에 진을 치고, 주 야훼 하나님께 부르짖었다.

"야훼여 강한 자와 약한 자 사이에는 주밖에 도와줄 이가 없사오니 우리 하나님 야훼여 우리를 도우소서 우리가 주를 의지하오며 주의 이름을 의탁하옵고 이 많은 무리를 치러 왔나이다 야훼여 주는 우리 하나님이시오니 원컨대 사람으로 주를 이기지 못하게 하옵소서"(대하 14:11)

아사 왕의 믿음은 '주밖에 도와줄 이가 없다'는 '오직 믿음'! 자신의 약한 모습을 고백하며 "하나님밖에는 도와줄 이가 없다"라고 믿고 기도했다.

하나님은 오직 믿음으로 나가는 아사를 도우셨다. 구스의 100만 대군을 쳐서 승리케 하셨다. 이때부터 아사 왕 삼십오 년까지 전쟁이 없었다.

아사 왕은 우상숭배하는 사람이 누구든지 지휘고하를 막론하고 척결했다. 자기의 어머니 마아가가 혐오스러운 아세라 목상을 만들었는데, 이 사실을 안 아사 왕은 크게 진노하고, 어머니를 태후의 자리에서 물러나게까지 하였다.

그리고 아사는 자기의 어머니가 만든 혐오스러운 우상을 토막내고 그것도 모자라 가루로 만들어서, 기드론 냇가에서 불살라버렸다. 이 얼마나 놀라운 일인가!

"온 유다가 이 맹세를 기뻐한지라 무리가 마음을 다하여 맹세하고 뜻을 다하여 야훼를 찾았으므로 야훼께서도 그들

을 만나주시고 그들의 사방에 평안을 주셨더라 아사 왕의
어머니 마아가가 아세라의 가증한 목상을 만들었으므로 아
사가 그의 태후의 자리를 폐하고 그의 우상을 찍고 빻아 기
드론 시냇가에서 불살랐으니…(중략)…아사의 마음이 일평
생 온전하였더라"(대하 15:15-17) 그리하여 아사 왕은 35년간
태평성대를 이뤘다. 이처럼 오직 하나님 중심주의로, 믿음
으로 살아야 한다.

그리고 과연 스스로 '진정 믿음으로 사는지, 오직 믿음으
로 행하고 있는지'를 돌아보시기를 바란다. 그래서 히스기
야처럼, 요시아처럼, 아사처럼 오직 말씀과 오직 믿음으로
하나님을 기쁘시게 하고, 인생이 평탄하시기를 축복한다.

2.
사람만 의식하는 신앙 버려야

바리새인들은 골방에서 기도하기보다는, 사람들을 의식하
여 길거리에서 기도했다. 예수님은 하나님보다 사람을 의
식하는 신앙을 책망했다(마 6:5).

오바댜의 신앙을 본받아야 한다.
엘리야가 기근 때 물을 찾으려고 여행 중에 아합 왕의 궁

내대신 오바댜를 만났다. 오바댜는 고위직에 있었을 뿐만 아니라, 아합 왕으로부터 두터운 신임을 받고 있었다. 그런데 놀라운 것은 그가 신실한 야훼 신앙인이라는 점이다. 성경을 보면 오바댜의 신실한 신앙심을 여러모로 알 수 있다.

"아합이 왕궁 맡은 자 오바댜를 불렀으니 이 오바댜는 야훼를 지극히 경외하는 자라 이세벨이 야훼의 선지자들을 멸할 때에 오바댜가 선지자 백 명을 가지고 오십 명씩 굴에 숨기고 떡과 물을 먹였더라"(왕상 18:3-4)

① 박해가 있을 때 위험을 무릅쓰고 야훼 선지자들을 피신시켰다. 사실 오바댜는 이스라엘 왕 중 가장 악한 왕인 아합 왕의 수하에서 일하면서 야훼를 경외하기란 쉽지 않았다.

② 이렇게 한 것은 "하나님께서 이때를 위해 궁내대신으로 있게 하셨다"라는 믿음이 있었기 때문이다.

③ "저는 어려서부터 야훼를 경외하는 자라"(왕상 18:12) 그는 또 어려서부터 돈독한 신앙을 쌓았기 때문이다.

오바댜는 단지 야훼를 신앙한다는 이유 하나만으로 야훼 선지자들이 죽임을 당하는 공포의 도가니 속(4, 13절)에서도, 배교하지 않은 채 끝까지 야훼 신앙을 지키고 자기 본분을 다하였던 것이다.

우리는 여기서 왜 하나님께서 거국적으로 패역하기에 짝이 없는 북이스라엘 왕국을 단숨에 내치지 않으셨는지를 깨닫게 된다.

"소돔과 고모라에 의인 열 명만 있어도 멸망치 않으시겠다" 하시는 하나님의 마음을 읽을 수 있다. 그만큼 참으시고, 배려하시겠다는 의지이다! 변화를 기다리시는 것이다!

구한말 서양의 신문명이 들어올 때 일이다. 어느 대감이 서양 선교사로부터 비누 한 상자를 선물로 받았다. "때가 잘 씻긴다" 하고 신기해하며, 손님들에게 비누를 자랑하고 하나씩 나누어주었다.

그 손님들 가운데 그리스도인으로서 독립운동에 앞장섰으며 YMCA의 기틀을 잡고, 산파 역할을 하였던 월남 이상재 선생도 있었다. 그런데 이상재 선생이 비누를 받아들고 갑자기 칼로 비누를 깎아서 먹는 것이었다.

그러자 대감이 놀라며 말한다. "여보게 이 사람아, 그건 때를 씻는 물건이지 먹는 물건이 아닐세." 그러자 이상재 선생은 이렇게 대답하였다 한다. "알다마다요. 여러분은 이것으로 얼굴의 때만 씻지만 저는 뱃속의 때를 씻어볼까 해서 먹었습니다." 그때 대감과 손님들이 부끄러워 모두 낯을 붉혔다는 것이다.

형식과 관습에 따른 외식하는 신앙을 버려야 한다! 히스기야처럼 하나님 앞에 정직한 신앙을 가져야 한다. 신실한 신앙을 가져야 한다.

3.
하나님과 연합

히스기야는 우상을 타파하고 하나님과 연합하였다.

"곧 그가 야훼께 연합하여 그에게서 떠나지 아니하고 야훼께서 모세에게 명령하신 계명을 지켰더라 야훼께서 그와 함께 하시매 그가 어디로 가든지 형통하였더라 저가 앗수르 왕을 배반하고 섬기지 아니하였고 그가 블레셋 사람들을 쳐서 가사와 그 사방에 이르고 망대에서부터 견고한 성까지 이르렀더라"(왕하 18:6-8)

오늘날 교회성장은 성령과의 연합에서 온다. 성령으로 변화가 일어나야 한다. 초대교회가 그랬다.

성령과 연합하자, 교회가 성장했다. 기적이 일어났다.

① 전도 폭발 ② 앉은뱅이가 일어남 ③ 죽은 다비다 살림 ④ 모이기 힘씀 ⑤ 모이면 성경공부. 이 모두가 교회성장의 열매이다.

교회성장은 하나님의 뜻이다.

"오직 성령이 너희에게 임하시면 너희가 권능을 받고 예루살렘과 온 유대와 사마리아와 땅끝까지 이르러 내 증인이 되리라 하시니라"(행 1:8)

우리가 예수 믿으면서도 세상을 변화시키지 못하는 것은 우리 신앙이 분명하지 않고, 그릇된 삶과 태도를 가지고 있기 때문이다. 하나님보다 맘몬을 더 섬기고, 권력을 유지하기 위해 자기 신앙을 드러내지 않고, 때론 체면 때문에 감추고, 또 부당한 이익을 얻기 위해 저울을 속이는 일 등이 세상을 변화시키지 못하고 있는 원인이고, 개혁에 걸림돌이 되고 있는 것이다.

우리는 개혁에 걸림돌이 되면 안 된다!

잘못된 삶을 회개하고, 우리 자신의 삶의 변화를 이룩하여, 교회부흥과 사회개혁에 앞장서야 하겠다. 교회가 사회에 귀감이 될 때 교회성장을 가져온다. 따라서 우리 자신을 잘 살펴봐야 한다.

(1) 과연 나는 성령충만한 자인가?

성령충만한 자의 삶은 어떤 것이든지 생산적이다. 이것이 성령의 속성이다(엡 5:18-20). 그래서 하나님의 교회를 세우는 데 기여하고, 영혼을 살리는 데 기여하고, 성도들의 믿음을 굳건히 하는 데 기여하고, 하나님의 백성들로 하여금 자랑스럽게 살도록 고무하신다. 그러므로 패배적이고, 부정적이고, 열전의식으로 사는 것은 절대로 성령께로부터 온 것이 아닌 것이다.

(2) 지치지 않는다

성령의 능력은 우리로 하여금 날마다 더 강력한 능력으로 생산적이며, 역동적인 사람으로 만드는 것이다. 우리 영의 불이 꺼져 있으면 불 없는 화로와 같다. 불 없는 화로에는 열기가 없고, 에너지가 없다. 에스겔 골짜기의 마른 뼈들과 같다. 그러나 생기가 들어가자 큰 군대가 된 것처럼, 성령으로 무장한 사람은 절대로 메마르지 않고, 고갈되지 않고, 생산적이며, 역동적으로 인생을 살 수 있다.

(3) 각성하게 한다

성령이 역사하시면 영성, 지성, 인성을 각성시켜 사람다워지고, 사명을 알게 된다. 빛과 소금이 되게 한다.

역사적으로 보면, 영적 각성이 있고 나면 어느 곳이든, 어느 나라든 변화를 가져왔다.

영국의 유명한 탄광촌 브리스톨이 있다. 알콜 중독자들이 북적이던 그곳에 영적 각성의 부흥 운동이 한번 지나가자, 그때 영국의 전통 있는 학교들이 다 세워졌다.

역사적으로 보면 30만 귀신을 섬겼던 로마가 변화되었고, 야만인 게르만이 변화되고, 해적질하던 바이킹족들이 변화되고, 역시 해적의 나라 영국이 신사 나라가 되고, 미국이 성령충만 청교도들에 의해 세계 최강대국이 되었다. 우리 나라 조선시대 때는 성령충만 가운데 선교사명을 가진 파란 눈의 선교사들이 들어와, 가난하고 미개한 백성들에게 영적 각성을 주었다.

그로 인해 도산 안창호 선생이나 고당 조만식 장로, 남강 이승훈 선생 같은 믿음의 어른들이 나오고, 이런 분은 술 취함과 방탕함으로 저급하게 살던 조선 백성들로 하여금 하나님의 형상대로 지음받은 인간답게 살도록 깨우쳐주었다. 이분들은 국가와 민족을 향한 책임감을 느끼고 헌신한 참다운 신앙인들이었다.

이렇게 의식 있고, 지적이고, 상식적인 사람들에 의해 국가가 발전하고 번영을 이루게 되었다. 이것이야말로 성령의 역사였다.

(4) 내 욕심을 버리고, 거룩한 욕심을 갖게 한다

사실 우리 안에 아담과 하와가 타락한 원죄로 인해 원치 않는 욕심이 순간순간 올라온다. 그래서 사도 바울도 "오호라 나는 곤고한 사람이로다 이 사망의 몸에서 누가 나를 건져내랴"(롬 7:24) 하고 탄식했다. 그러나 주님도 우리를 말할 수 없는 탄식으로 도우신다. 그리고 이길 수 있는 힘과 능력을 주시고, 주께 영광 돌리기 위한 축복의 통로로 삼으신다(롬 8:26).

초대 예루살렘 교회나 안디옥 교회 등에서 부흥을 일으킨 성도들은 다 성령충만한 사람들이었다. 만약 우리 영의 불이 꺼져 있으면 불 없는 화로와 같다. 춥고 썰렁하다. 그러나 가시떨기나무에 하나님의 영이 타오르게 된 것처럼, 앙상한 가시떨기나무 같은 우리들이라 할지라도 성령의 불이 타오르면 놀라운 부흥과 성장을 가져온다. 성령은 일할 수 있도록 힘과 능력을 '공급'하신다.

(5) 성령과 연합해야 한다

우리는 성령과 연합하여 이 사회의 퇴폐한 문화, 반기독교적 문화를 몰아내는 데 앞장서야 한다.

요시아는 성전 안에서 음란한 행위를 하는 남창을 척결했다.

"또 야훼의 성전 가운데 남창의 집을 헐었으니 그곳은 여인이 아세라를 위하여 휘장을 짜는 처소였더라"(왕하 23:7)

개혁을 위해 요시아처럼 그 마음을 찢어야 한다. 그리고 사명감과 아울러 행동해야 한다.

최근 김형석 박사는 『기독교는 희망이 있는가?』라는 책을 냈다. '과연 기독교 100년 뒤에도 존재할 수 있나?'라는 명제를 다뤘다. 답은 '우리들이 어떻게 하느냐'에 달려 있다고 주장한다.

오늘날 주님은 교회 지도자인 우리들을 사용하시기를 원하신다. 우리는 히스기야처럼, 요시아처럼, 아사처럼, 오바댜처럼 이 시대적 역할을 감당해야 한다. 개교회주의, 교권주의, 다원주의, 신신학, 자유주의를 타파하고, 성경주의,

하나님 중심주의로 돌이켜야 한다.

그래서 '민족의 장래와 통일을 걱정할 줄 알고, 주의 부르심과 그 사명'에 일목할 수 있어야 한다.

"너희가 나를 택한 것이 아니요 내가 너희를 택하여 세웠나니 이는 너희로 가서 열매를 맺게 하고 또 너희 열매가 항상 있게 하여 내 이름으로 아버지께 무엇을 구하든지 다 받게 하려 함이라"(요 15:16)

히스기야는 ① 야훼 보시기에 정직히 행함 ② 신당과 주상을 부수고 목상을 없앰 ③ 온전히 하나님만 의지함 ④ 야훼의 계명을 지킴 ⑤ 앗수르 왕을 섬기지 않고 블레셋을 침. 그 결과 평안, 승리, 형통, 장수를 누렸다.

마틴 루터의 종교개혁도 결과가 좋았다. 정치, 경제, 사회, 교육, 문화, 예술 등 현대사회의 거의 모든 면에서 긍정적인 발전에 기여했다. 우리는 이와 같은 성과가 재현되고 구현되도록 해야 한다. 그러기 위해서 히스기야의 개혁신앙과 루터의 개혁신앙과 초대교회 신앙으로 돌아가야 한다.

그리고 초대교회 성도들의 모습처럼 오직 복음으로 변화된 신앙과 삶을 살고, 믿음의 용장들의 개혁정신과 신앙을 본받아 이 시대 부름의 사명을 다해야 할 것이다.

교회 설립 25주년과 사명

행 6:7

벌써 세월이 순복음중동교회 설립 25주년이 되었다. 수없이 많은 교회가 세워졌다가 사라지는 중에도 우리 교회가 이만큼 성장하고 발전해온 것은 하나님의 크신 은혜임을 고백치 않을 수 없다. 우리 교회 설립 25주년은 하나님의 은혜이다.

25주년을 맞아 우리는 교회를 세워주신 하나님, 교회를 이끌어주시고 성장시켜주신 하나님께 감사와 영광을 돌려야 한다. 감사와 영광을 돌림과 동시에 교회를 어떻게 섬겨나갈 것인가를 깊이 생각하고, 새로운 결단을 해야 한다.

1.
하나님은 교회 설립을
원하시고 기뻐하신다

교회는 헬라어로 '에클레시아'이다. '세상에서 구별되어 불러냄을 받은 자들의 회합'이라는 뜻이다. 순복음(Full Gospel)은 개신교 중 19세기에 기원한 카리스마적 기독교나 복음주의 운동의 교리를 묘사하기 위해 사용되는 용어이다. 창세기부터 요한계시록까지 넘치는 복음을 의미한다.

또한 '순복음'이라는 말 자체는 말씀과도 연관이 있다(롬 15:18-19). 사도 바울은 "성령의 능력으로 역사하신 것 외에는 내가 감히 말하지 아니하노라. 이 일로 인하여 내가 예루살렘으로부터 두루 행하여 일루리곤까지 그리스도의 복음을 편만하게 전하였노라" 했다.

일찍이 조용기 목사님도 그렇게 복음을 전하고, 수많은 교회를 세웠다. 그중의 하나가 순복음중동교회이다.

조 목사님은 20~21세기 성령운동의 기수였다. 이 시대 예수님의 제자로서 위대한 영적 지도자였다. 그분이 세운 우리 중동교회에서 목회하는 나는 영광스럽고, 또한 이 교회에서 신앙생활하는 여러분들도 복받은 분들이다.

2.
바른 신앙관을 가져야 한다

베드로가 위대한 신앙고백을 하였다. 이 신앙고백 위에 교회를 세우셨다. 우리에게도 이런 신앙고백이 있어야 한다. 이것이 교회 기초요, 교회의 기둥이다.

우리 교회는 조용기 목사님의 신앙과 철학을 이어받았다. 신앙노선과 근간은 성경 전체를 요약하고 도식화한 '오중복음과 삼중축복, 4차원의 영성'이다.

그러면 오중복음이 무엇인가? 구원의 복음, 성령충만의 복음, 치료의 복음, 재림의 복음, 축복의 복음이다.

그리고 삼중축복은 "사랑하는 자여 네 영혼이 잘됨같이 네가 범사에 잘되고 강건하기를 내가 간구하노라"(요삼 1:2) 이 말씀에 근거한다. 이 말씀은 하나님이 우리를 향한 뜻이다. 희망이다! 하나님과 관계가 잘돼야 영혼이 잘된다. 이 관계가 올바르지 않으면 범사가 잘되지 않는다. 강건하지 못하다.

4차원 영성의 키워드는 말, 생각, 꿈, 믿음이다. 부정적인 말인 "안 된다, 죽는다, 끝났다!"가 아니라 성령의 말, 생명의 말을 해야 한다. "산다, 잘된다!"라고 말이다. 성령이 주는 생각과 꿈은 창조적이고 진취적인 역사를 이끌어낸다.

아울러 '7대 신앙실천'이 있다.

① 갈보리 십자가의 신앙이다. 조용기 원로목사님의 신앙은 예수님의 갈보리 십자가로부터 시작한다. 왜냐하면 예수 십자가만이 죄와 저주와 가난과 질병과 죽음을 이기기 때문이다. 따라서 환경이 어둡고 캄캄하고 절망적이라 할지라도 갈보리 십자가를 바라볼 때 마음에 믿음이 생겨나는 것이다. 예수님께서는 삶의 절대 절망을 이기시고 절대 희망을 주셨다. 바로 그 절대 희망을 주신 곳이 갈보리 십자가이다. 우리가 갈보리 십자가를 바라볼 때에 죄의 용서를 얻고, 의로움을 얻을 수 있다. 갈보리 십자가에 매달린 예수 그리스도는 그 십자가에서 마귀를 멸하고, 우리에게 천국과 성령을 가져오신 분이다.

② 오순절 다락방의 신앙이다. 오순절 다락방의 신앙은 성령충만함으로 내가 변화되고, 세상을 정복하는 신앙이다. 신앙생활의 무기력함에서 벗어나 적극적, 창조적으로 살려면 성령충만받아야 한다. 성령의 역사는 과거의 단회적 사건이 아니라 현재적이고, 계속되는 사건이다. 성령충만하면 삶이 역동적이고, 진취적이며, 생산적이 되는 것이다. 성령충만하고 넘치면 그 안에서 자연히 터져나온다. 성령의 열매를 맺게 되는 것이다. 내가 변화되고 세상이 변한다. 주님은 우리를 "열매맺으라!" 하고 부르셨다. 부름에 합당한 열

매를 맺어야 한다. 잎만 무성하면 안 된다! "열매맺으면, 하나님께 영광이 되고, 무엇을 구할 때마다 응답하리라!"(요 15:16) 하였다.

③ 땅끝까지 전하는 신앙이다. 땅끝까지 전하는 신앙을 가질 때 성도들이 복음전도자가 된다. 성령충만할 때, 예수님의 산 증인이 될 수 있다. 성령충만하면 감옥에 가고, 매를 맞고, 죽음 위협에도 복음 전하는 것이 행복하다. 바울과 실라를 보라!

④ 좋으신 하나님의 신앙이다. 하나님은 너무나 좋으신 나의 아버지, 우리의 아버지이시다. 하나님 아버지는 우리에게 필요한 것을 주신다. "너희가 악한 자라도 좋은 것으로 자식에게 줄 줄 알거든 하물며 하늘에 계신 너희 아버지께서 구하는 자에게 좋은 것으로 주시지 않겠느냐"(마 7:11) 우리에게 독생자 예수 그리스도를 주셨다. 무엇이 아까워 주시지 않겠는가! 좋으신 하나님 아버지께서 구하는 것을 '좋은 때', '좋은 방법'으로 주실 것이다.

⑤ 병을 짊어지신 예수님의 신앙이다. 예수님은 우리의 모든 질병을 짊어지셨다(성찬). 육체의 질병, 마음의 병에 눌려 사는 것은 하나님의 뜻이 아니다. 예수님은 오늘도 살아계셔서 우리를 치료하신다. 생명을 얻되 더 풍성히 얻게 하신다. "도적이 오는 것은 도적질하고 죽이고 멸망시키려는 것뿐이요 내가 온 것은 양으로 생명을 얻게 하고 더 풍성히

얻게 하려는 것이라"(요 10:1).

⑥ 다시 오실 예수님의 신앙이다. 재림이란 성경의 약속대로 예수님께서 모든 권세와 능력을 가지고, 이 세상에 다시 오시는 것을 말한다. 신약성경만 해도 300회 이상 '재림'에 대해 언급하였다. 따라서 우리는 다만 '주 예수여 오시옵소서' 하고 바랄 뿐이다. 주님의 재림을 맞이할 우리는 기름을 준비한 슬기로운 처녀처럼 등불의 기름을 준비해야 한다. 그리고 우리는 그때까지 십자가를 지고 주의 자비함과 은혜를 널리 전파해야 한다(찬 229장).

⑦ 나누어주는 신앙이다. "믿는 사람이 다 함께 있어 모든 물건을 서로 통용하고 또 재산과 소유를 팔아 각 사람의 필요를 따라 나눠주고"(행 2:44-45) 나누어주고, 베풀어주는 것이 구원받은 자의 생활이다. 예수님이 마지막 때 보시는 것도 '구제와 섬김'이라고 하셨다. 구제하고 봉사할 때 우리의 신앙이 성숙한다. 남을 위해서도 그러해야 하지만, 그것이 내게 유익이다. "주라 그리하면 너희에게 줄 것이니 곧 후히 되어 누리고 흔들어 넘치도록 하여 너희에게 안겨주리라 너희의 헤아리는 그 헤아림으로 너희도 헤아림을 도로 받을 것이니라"(눅 6:38)

3.
성숙한 교회로서의 사명

(1) 성도의 믿음이 자라야 한다

그리할 때 주님의 요구에 부응할 수 있고, 아울러 교회의 수준을 높일 수 있다.

"이는 성도를 온전하게 하여 봉사의 일을 하게 하며 그리스도의 몸을 세우려 하심이라 우리가 다 하나님의 아들을 믿는 것과 아는 일에 하나가 되어 온전한 사람을 이루어 그리스도의 장성한 분량이 충만한 데까지 이르리니"(엡 4:13-14)

신앙엔 '마스터'가 없다. 배움에 끝이 없듯이 믿음도 끊임없이 자라야 한다. 귀신들린 아이를 둔 아버지가 "할 수 있거든 고쳐주십시오" 외쳤다. 이때 주님은 "할 수 있거든이 무슨 말이냐, 믿는 자에게는 능치 못함이 없느니라"(막 9:23)

이에 아이의 아버지가 말하길 "주여, 내 믿음 없는 것을 도와주소서" 했다. 우리도 이와 같이 외쳐야 한다. "나의 믿음 없는 것을 도와주소서" 하라!

(2) 주 안에서 영적 유기체가 되어야 한다

"오직 사랑 안에서 참된 것을 하여 범사에 그에게까지 자랄지라 그는 머리니 곧 그리스도라 그에게서 온몸이 각 마디를 통하여 도움을 받음으로 연결되고 결합되어 각 지체의 분량대로 역사하여 그 몸을 자라게 하며 사랑 안에서 스스로 세우느니라"(엡 4:15-16)

어린아이가 혼자 서지 못한다. 부모나 주변 사람이 도와줄 때 마침내 홀로 일어선다.

초대교회 때 사도들과 평신도들이 결합하여 유기적으로 활동하였다. 사도 베드로, 바울, 바나바, 아볼로 등을 비롯하여 평신도 고넬료, 스데반, 게바, 의사 누가, 자주장사 루디아, 브리스길라와 아굴라 부부, 막달라 마리아, 니고데모, 마가 요한, 디모데, 그의 외조모 로이스와 모친 유니게, 다비다, 빌레몬, 오네시모 등 여러 사람들이 함께하여 교회를 세우고, 선교하며 이방인 복음화에 힘썼다. 교회사를 빛낸 위대한 사람들이 참 많았다.

특히 데살로니가 교회는 본이 되는 교회였다. "믿음의 역사와 사랑의 수고와 우리 주 예수 그리스도에 대한 소망의 인내를 우리 하나님 아버지 앞에서 쉬지 않고 기억하라"(살전 1:1-10)

(3) 새로워져야 한다, 새 사람, 새 마음

날로 새로워지려면 심령이 새로워져야 한다. 왜냐하면 옛 사람과 옛 지식과 사상으로는 새 생활이나 새로운 운동을 기대할 수 없기 때문이다. 사람은 동서고금, 남녀노소, 신·불신을 막론하고 누구나 한결같이 새것을 원한다. 케케묵은 옛것은 아주 싫어한다. 정작 그러면서도 '자기 자신은 좀 새로운 사람으로 변화되어야겠다' 하는 생각은 못한다. 새롭게 되기를 부단히 노력하는 사람이 흔치 않다.

철학자 소크라테스가 옛 궤변론자들에게 이같이 말했다. "나는 내가 아무것도 모른다는 것 그 한 가지만은 확실히 알고 있다"라고 하면서 "먼저 네 자신을 알라"라고 했다. 자신을 안다는 것은 대단히 귀한 일이다.

지금 나는 어떠한 사람인가? 무지한 사람인가? 총명한 사람인가? 새 사람인가? 내가 나를 볼 때 어떠한가? 우리는 내 자신을 말씀의 거울에 비추어 보고, 옛 모습을 버리고, 새로워져야 한다.

초대교회 때 "그리스도인"이라 불렀다. 그것은 주님께서 언제나 참되고 새로웠기 때문이다. 그러나 요즘은 "기독교인"이라고 하면 부정적이다! 사람들이 "너나 잘해라! 녀석아!" 한다.

첫째, 기독교인들의 잘못이다. 빛과 소금의 역할이 미흡하기 때문이다. 둘째, 반기독교 세력들에 의한 바벨론 문화와 정책, 성역에 대한 도전 때문이다. 단호히 배격해야 한다!

"이미 있던 것이 후에 다시 있겠고 이미 한 일을 후에 다시 할지라 해 아래에는 새것이 없나니"(전 1:9)

하나님을 떠난 모든 인생과 인간의 역사는 '아무런 새것'도, '새로운 의미도 없다'는 말씀이다. 그러나 하나님과 올바른 관계에서는 '모두가 새로운 것'이다. 그래서 "그런즉 누구든지 그리스도 안에 있으면 새로운 피조물이라 이전 것은 지나갔으니 보라 새것이 되었도다"(고후 5:17)라고 했다.

그러므로 우리가 새로워지려면, 첫째, 유혹의 욕심을 따라 썩어져가는 구습을 좇는 옛 사람을 벗어버려야 한다. 둘째, 오직 성령으로 새롭게 되어 하나님을 따라 의와 진리와 거룩함으로 지으심을 받은 새 사람을 입어야 하는 것이다 (엡 4:22~24).

옛 죄를 철두철미하게 회개하고, 주님의 형상을 회복할 때 비로소 새 사람이 되는 것이다. 소경 바디메오가 겉옷을 벗어던지고 예수님 앞으로 나갔다. 우리도 그리하여야 한다.

"옛 사람을 벗어버리라." 옛 사람이란 아담 같은 사람, 허망한 사람, 무지한 사람, 마음이 강팍한 사람, 진리에 대해

감각이 없는 사람, 모든 더러운 행동을 본능대로 거리낌없이 행하는 사람, 도적질하는 사람, 더러운 말을 하는 사람, 덕을 깨뜨리고 성 잘 내는 혈기의 사람, 성령을 근심되게 하는 사람, 모든 악독과 분노와 떠드는 것과 훼방과 악의의 사람이다.

이런 사람이 우리 기독교계나, 우리 교회나 나에게 있어서는 안 된다. 실상 우리도 아직 옛 티를 벗어버리지 못한 사람이다.

따라서 다시 한번 뜨거운 회개를 통해 주님을 마음 중심의 보좌에 모셔야 한다. 생명에 이르는 회개와 구원에 이르는 믿음의 축복을 받도록 해야 한다. 또다시 "보라 내가 만물을 새롭게 하노라"(계 21:5) 하신 그리스도로 말미암아 새로 지음을 받으시길 바란다.

우리 모두는 남이 인정해주는, 내 이웃이 인정해주는 새 생활이 있어야 하겠다. 새 심령, 새 인격, 새 지식, 새 생활, 새 봉사, 새 계획, 새 목표, 새 역사가 있어야 하겠다.

곰곰이 생각해보시길 바란다. "선한 일에 열심하라!" 하고 우리를 부르신 것이다. 불의하고, 불법하고, 범죄, 불순종하다가 망하라고 우리를 그의 피로 속량하신 것이 아니다. 그러므로 가난하고, 천대받고, 빼앗기고, 능욕받고, 매장을 당해도 의롭게 의를 위해 살아야 하는 것이다.

존 스튜어트 밀은 "행복한 돼지보다 불행한 소크라테스가 낫다"라고 말했다. 육신의 욕심대로, 생각대로 짐승과 같이 살지 말고 하나님의 형상대로 지음받은 인간답게, 하나님의 사람으로 의롭고, 새롭게 살아가게 되시기를 바란다.

우리는 신앙의 연륜만큼 성숙한 교회, 성도로서 시대적 부름의 요청에 더욱 응답하고, 부응할 수 있는 자세를 갖춰야 할 것이다.

이러므로 더욱 하나되어 연합하고, 믿음의 역사와 수고를 아끼지 말아야 한다. 행함 없는 믿음이란 다시 말해 희생 없는 믿음이라는 뜻이다. 헌신과 희생 없이는 하나님의 나라를 이룩할 수 없다. 교회를 세울 수도, 선교할 수도 없다. 나 같은 사람 때문에 교회가 부흥한 것일까? 스스로 생각해보라! 살펴보시기를 바란다.

우리 주변에 코로나로 인해 수많은 교회가 문을 닫았다(국민일보 보도). 참으로 안타깝고, 슬픈 일이다. 2000년대의 5만 교회가, 2010년대에는 10년 만에 3만 7천 교회로 줄었다.

현재는 얼마나 될까? 비관적이다. 2만 교회라 하는데, 실제로는 1만 교회로까지 줄었다는 이야기도 들린다. 충격이다! 작은 교회들이 수도 없이 문을 닫았다는 이야기다.

이러한 때 누가 교회를 세우는가? 교회가 교회를 세워야 한다. 성도가 세워야 한다. 도와야 한다. 주님은 우리들을 통해 일하시기를 원하신다. 따라서 주님의 원대로 우리들이 이 시대적인 사명을 감당해야 한다.

특히 주의 사명을 감당하기 위해 불철주야로 뛰셨던 조용기 목사님의 신앙철학을 계승·발전시켜 다시 한번 순복음의 깃발을 드높여야 한다. 제자교회마다 "스승 잃고도 꿋꿋하게 잘들 해나가는구나." 교회 안팎에서 이런 좋은 소리를 들어야 한다.

그러기 위해 첫째, 성령운동을 강하게 펼쳐야 한다. "오직성령이 너희에게 임하시면 너희가 권능을 받고 예루살렘과온 유대와 사마리아와 땅끝까지 이르러 내 증인이 되리라하시니라"(행 1:8)

둘째, 4차원 영성운동을 강하게 펼쳐야 한다. 주님께서는 "너희가 나보다 더 큰일을 하리라"(요 14:12) 하셨다. 그래서주님은 이 시대에 사용하기 위해서 한국 교회를 키우신 것이다. 또 주님은 다섯, 두 달란트 받은 종들에게 "더 큰일을맡기리라" 하셨다. 그러므로 이제껏 한 일보다 더 큰일을 해야 한다. 그러기 위해 우리 각자가 자발적으로 지금보다 더큰일을 맡아 해야 한다.

그러기 위해서는 보다 진취적, 공격적이어야 한다. 일본의 가미가제 정신은 유명하다. IS 자살테러를 보라. 열두 제자들도 그리했다. 다 순교했다.

예수님 승천 후, 열두 제자의 행적		
이름	사역 장소	최후 (전승에 따름)
베드로	바벨론 지역까지 선교, 예루살렘 교회 수장	로마에서 순교
야고보	예루살렘, 유대 지방에서 전도	최초 순교자 (헤롯 왕에게 살해됨)
요한	에베소에서 선교, 밧모 섬에 유배, 계시록 기록	에베소에서 사망
안드레	헬라, 소아시아에서 선교	×자 십자가에서 순교
빌립	브루가아에서 선교	히에라볼리에서 순교
바돌로매	아르메니아에서 선교	아르메니아에서 순교
도마	바사, 인도에서 선교	인도에서 순교
마태	에티오피아에서 선교	에티오피아에서 순교
야고보	블레셋, 애굽에서 선교	애굽에서 순교
다대오	수리아 지역에서 선교	수리아 지역에서 순교
시몬	-	십자가형을 당한 듯함
유다	-	자살

　　우리 모두 다 순교할 수는 없더라도 주님 나라 위하여 한 알의 밀알이 되어야 한다. 주님 나라를 위해 마음을 다하고, 성품을 다하고 목숨을 다하여 섬기시기를 바란다.

　　"너는 마음을 다하고 뜻을 다하고 힘을 다하여 네 하나님

야훼를 사랑하라"(신 6:5)

요한이 예수님을 바라보고 "은혜와 진리가 충만하더라"
하였다. 주님을 모신 이 교회에 은혜와 진리가 충만하기를
축복한다.

그리하여 교회를 더욱 부흥시켜, 조용기 목사님처럼 나라
와 민족복음화, 세계복음화에 기여하고 "잘했다!" 칭찬받는
데살로니가 교회와 빌라델피아와 같은 교회가 되기를 바라
고, 장차 상급받는 성도들이 되시기를 기대한다.

리더는 어떤 모습이어야 하는가

막 9:23

우리 국가나 사회, 공동체에 꼭 필요한 것이 리더십이다. 리더십은 개인과 집단, 사회에 미치는 영향력이며 사회적 현상이다. 한 개인에서부터 비롯되어 공동체와 사회, 그리고 온 민족을 변화시킬 수 있는 영향력이 리더십이다. '시대가 영웅을 낳는다'는 말도 있다.

제2차 세계대전의 영웅인 영국 야전군 총사령관 버나드 몽고메리는 리더십에 대해 다음과 같이 정의했다. "리더십이란 사람들을 하나의 공통된 목표에 규합시키려는 능력과 의지, 그리고 신뢰감을 심어주는 성품을 말한다."

오늘날의 리더는 과연 누구인가? 우리 모두가 리더다. 혼자라도 얼마든지 기업을 하고, 자기경영, 자기주인, 꿈과 역량을 가지고 있기 때문이다. 따로 리더가 있는 것이 아니라, 바로 내가 리더라는 의식을 갖는 것이 중요하다.

특히 우리 그리스도인은 타인에게 영향을 끼치는 존재이

고, 또 사회를 변화시켜야 하는 존재로서 리더로 부름받았다고 보는 것이다. 그러면 영향력을 끼치려면 어떻게 해야 하는가?

1.
무한한 가능성을
품어야 한다

일반적으로 최고의 CEO, 최고의 리더가 되려면 ① 언어 ② 논리 ③ 수학을 잘해야 한다고 돼 있다. 그리고 중요한 것은 ④ 인간관계라는 것이다. 그러나 영적 리더는 여기에 하나 더, ⑤ 항상 믿음을 바탕으로 언제나 '가능성'을 품어야 한다.

여호수아와 갈렙 등 믿음의 용장을 보라! 그들이 가나안 땅을 정탐할 때 벅찬 적들과 환경을 보았다. 그러나 "가나안은 우리의 땅이라, 그들은 우리의 밥이라" 정복할 수 있다! 정복의 가능성을 충분히 설명했다.

여고리 성을 무너뜨릴 때 그들에겐 변변한 무기도 없었다. 오합지졸이었다. 오직 그들에겐 '약속의 말씀'과 '믿음'만 있을 뿐이었다.

그러면 내가 가진 것이 무엇인가? 돈이 있는가? 권세, 명예, 실력, 배경, 인간적 '빽'이 있는가? 있는 것보다 없는 것이 더 많다. 그러기에 여호수아처럼 오직 믿음으로 나가야만 하는 것이다.

이스라엘은 횃불과 항아리를 들고 나갔다. 무기치곤 희한하다. 그러나 그들은 불가능을 가능케 하였다. 승리하고 여리고 성을 점령하였다.

우리도 이스라엘처럼 복음의 횃불을 들고, 믿음의 항아리를 들고 나가야 한다. 영육간의 전쟁에서 큰 믿음의 그릇을 준비해 나가야 한다. 그리할 때 기적이 임하고, 승리가 다가오게 되는 것이다.

사도 바울도 "내게 능력 주시는 자 안에서 내가 모든 것을 할 수 있느니라"(빌 4:13)라고 고백했다.

가능성은 먼저 얼마나 믿음을 품고 있는가, 희망을 품고 있는가에 달려 있다. 믿음이 있고, 희망이 있는 자에게 가능성이 열려 있기 때문이다.

믿음은 곧 4차원의 에너지다. 희망은 곧 목표이자, 소원이다. 꿈과 목표를 세우는 데는 돈이 들어가지 않는다. 비전을 갖는 데는 돈이 안 든다. '희망'이 항상 준비돼 있어야 기회를 잡는다. 희망이 내 삶을 이끌어간다.

요셉은 꿈이 이뤄질 것이라는 믿음이 있었기 때문에 고난 중에도 최선을 다하였다. 믿음이 있고 꿈이 뚜렷한 자는 어떤 문제나 고난이 와도 좌절하거나 흔들리지 않는다.

우리의 희망은 '믿음의 주요, 온전케 하시는 예수님'이다. 환경이 운명을 좌우하는 것이 아니라 주님이 하신다.

예수님께서 변화 산에서 기도하시고 내려오시니 귀신들린 소년의 아버지가 예수님께 '벙어리 귀신들린 아들'을 데려와 고쳐달라고 하였다. 귀신이 어디서든지 아들을 거꾸러뜨리고, 아들은 거품을 흘리며 이를 갈았다. 그래서 제자들에게 내쫓아달라 하였으나 하지 못하였다. 아이의 아버지는 '할 수만 있으면 고쳐달라'라고 요청했다. 이에 예수님은 "할 수 있거든이 무슨 말이냐 믿는 자에게는 능히 하지 못할 일이 없느니라" 하시고 귀신을 쫓아내고 치료해주셨다.

현재 우리의 환경과 조건이 나빠도 우리에게 믿음과 희망이 있으면 일을 성취할 수 있다. 가능성이 있다. 왜냐하면 모든 조건과 환경을 주관하시는 주님께서 나쁜 조건은 좋은 조건으로 만들어주실 것이고, 불가능한 환경은 능한 환경으로 만들어주시기 때문이다.

50여 년 전 '오산리최지실기념금식기도원'은 야산에 불과했다. 그리고 늪지대였다. 아무도 이렇게 발전할 줄 몰랐다.

그러나 이제는 세계적인 기도원이 되어, 늪지대가 변하여 잔디구장이 되었다.

"겨자씨만 한 믿음만 있으면 이 산을 명하여 저 바다에 던지우리 하면 그대로 되는 것"이다.

이러므로 오늘을 바라보지 말고, 내일을 바라보라. 내일도 있고, 내년도 있고, 5년 뒤도 있고, 10년 뒤도 있으므로 믿음의 가능성을 크게 가지라. 오늘의 어려움과 고난은 내일의 성공과 행복의 과정이다. '무한한 가능성'이 있다. 합력해 선을 이뤄주시기 때문에 모든 것이 가능하다.

시몬이 베드로가 되고, 사울이 바울이 된 것처럼 무한한 가능성을 갖고, 승리하는 믿음의 용장들이 되기를 바란다.

2.
끊임없는 변화와 도전

21세기는 '경쟁력의 시대'다. 무한경쟁 시대에 말을 잘 하든, 지식을 더 쌓든 자기계발을 하지 않으면 뒤처질 수밖에 없다. 따라서 끊임없이 새로운 지식을 배워 자기계발에 힘쓰고, 삶의 질 향상을 위해 평생 동안 노력을 기울여야 한다. 자신을 계발하라! '부가가치'를 높여라!

내가 아는 김전수 장로님은 기업하는 분이다. 그분이 말하기를 "기업도 호황일 때 불황을 대비해야 하고, 불황일 때 호황을 내다보는 지혜가 있어야 자기 변화에 스스로 동참하게 된다"라고 말했다.

'자기개혁과 변화'가 없으면 기업도 쇠퇴될 수밖에 없다는 것이다. 그분은 자기변화를 신앙운동으로 이뤄나가고 있다. 직원들에게도 신앙을 불어넣어줌으로써 개인뿐만 아니라 회사도 경쟁력을 확보하고 있는 것이다.

우리가 스스로 변하지 않고, 내일을 준비하지 못하면 결코 행복할 수 없다.

변화된 제자의 모습을 확실히 보여주라.

"그러므로 예수께서 자기를 믿은 유대인들에게 이르시되 너희가 내 말에 거하면 참 내 제자가 되고 진리를 알지니 진리가 너희를 자유케 하리라"(요 8:31-32)

진리를 추구하라. 진리의 반대는 거짓이다. 진리는 평안과 자긍심과 힘을 가져다준다. 그러나 거짓은 불안하다. 두렵다. 지하철 몰래 타는 사람이 과연 평안하게 앉아 있을 수 있을까?

어느 날 저녁 한기총 주최 김승규 국정원장 취임감사예배가 국민일보 빌딩에서 있었다. 김승규 장로는 믿음의 집

안에서 자랐다. 그는 법무부장관을 하다가 대통령이 "국정원장 하라!" 하고 권했으나 다섯 번이나 고사했다. 그러다가 하는 수 없이 맡았다. 그는 생각했다. '하나님 도대체 왜 저에게 이 일을 맡기셨습니까?' 그런 의문을 가졌는데, 맡은지 10일 만에 도청 사건이 터졌다. 그는 고민했다. '진실은 알수록 진실을 말해야 하는데, 아마도 이 일을 위해 국정원으로 보내셨나 보다' 하고 생각했다.

그런데 국정원 안에는 예상 외로 믿음의 사람이 많았다. 진실한 사람이 많이 있었다. 함께 대화하는 가운데 "국민 앞에 사실 그대로 발표하고 용서를 구하자, 국민 앞에 인정받고, 신뢰받는 것이 옳다"라고 결론을 내리고, "그동안 국정원이 도청을 했다"라고 발표한 것이다. 그는 발표하기까지 과정에서 내부적으로 어려움이 많았다고 한다.

그러나 그는 '거짓말이 결코 정당화될 수 없다'고 생각했다. 그는 이번 사건을 계기로 국정원이 과거 공작정치, 인권말살의 옛 모습을 탈피하고, 진실과 인격적인 국정원으로 변하는 전환점이 되고자 했던 것이다. 놀라운 것은 국정원장은 물론 국정원 주요 인물인 제1차장과 제2차장이 모두 상동감리교회와 김장환 목사님 교회 장로님이라는 사실이다.

영성이 살아 있는 분들은 '정직과 진실된 삶'을 추구하게 되는 것이다. 오늘날은 정직과 진실이 곧 가장 큰 경쟁력이다. 변화해야 할 때에 변해야 하고, 자기계발할 때 계발해야 하는 것이다.

성경에 나오는 믿음의 사람들은 모두 스스로 변한 사람들이다. 시몬이 '베드로'로, 사울이 '바울'로 변한 사람들이다. 만일 시몬이 시몬 그대로 있었으면 갈릴리 호수에서 고기나 잡아먹다 죽은 사람에 불과했을 것이다.

신앙은 사람을 변화시킨다. 신앙은 사람의 가치관을 바꾸어놓는다. 신앙은 인생을 바꿔놓는다. 신앙이 쇠퇴하면, 시대의 환경에 적절히 대응하지 못하게 되므로 퇴진할 수밖에 없다. 그러므로 '자기변화'와 '계발'이 필요하다.

① 38년 된 중풍병자가 어떻게 자리를 들고 일어서 걸어갈 줄 알았겠는가? ② 나면서부터 소경된 사람이 어떻게 눈을 떠서 볼 수 있게 될 줄 알았겠는가? ③ 보리떡 5덩어리와 물고기 2마리를 가지고 어떻게 5,000명이 먹으리라고 생각할 수 있었겠는가? ④ 죽은 지 나흘 된 사람이 어떻게 살아날 줄 알았겠는가 말이다.

이 모두가 그리스도로 말미암아 이루어진 변화들이다.

우리의 삶도 '그리스도 안'에서 변해야 한다.

지금 우리는 스스로를 직시해 보아야 하겠다. 내가 얼마나 변화된 사람인가? 그리고 나의 성품과 습관이 과거와 비교해 얼마나 변했는가 살펴보시기 바란다.

자기변화와 계발은 ① 삶의 중심에 예수 그리스도를 모셔야 하고, 주님과의 인격적인 교제를 통하여 하나님의 형상을 본받는 삶이다. ② 그리고 성령의 능력으로 죄와 고난을 극복하고, 이 땅 위에 하나님 나라를 확장해나가는 참 그리스도인의 삶을 살아가는 훈련이다.

이러한 그리스도인의 삶으로서 혁신을 일으키는 것이 필요하다. 주님 안에서 변해야 살아남게 된다. 그래서 남은 자의 반열에 들어가게 되기를 바란다.

3.
한계를 뛰어넘는 영성

청교도들, 미국을 시작한 그들은 영국을 떠나 대서양을 건너 미국으로 갈 때 그 대서양은 홍해였다. 그들이 닻을 내린 아메리카 땅에는 아메리카 인디언들이 가로막고 있었다. 그 뒤엔 영국, 불란서, 화란이 그들을 가로막고 있었다. 세계대전들이 가로막고 있었다. 그러나 그들은 'In God we trust'였다. 그랬을 때 수많은 나라들을 이겼다. 수많은 대적 세력들을 멸할 수 있었다. 연약한 자로 출발했지만 세계 최고, 최강이 된 것이다. 바로 믿음이 원동력이었다.

"저희가 믿음으로 나라들을 이기기도 하며 의를 행하기도 하며 약속을 받기도 하며 사자들의 입을 막기도 하며 불의 세력을 멸하기도 하며 칼날을 피하기도 하며 연약한 가운데서 강하게 되기도 하며 전쟁에 용맹되어 이방 사람들의 진을 물리치기도 하였다"(히 11:33)라고 했다.

최고로 영성이 찬란했던 시대는 초대교회 때이다.
믿음 하나 때문에 '사자밥'이 되기도 하고, '화형'에 처해졌다. 이들은 '온실 꽃 같은 영성'이 아니다. '들꽃 같은 영성'이다.
"이런 사람을 세상이 감당치 못하느니라"(히 11:38) 결국 로마를 '복음으로 극복'했다. 한계를 뛰어넘었다.

믿음 없이 홍해를 건너겠다고 덤빈 애굽인들을 보라. 인간적, 세상적으로 아무리 훈련되고 뛰어났다고 해도 순식간에 물속으로 사라졌다. 자기들이 부리던 노예들이 해낸 일을 그들은 못해냈고 죽었다. 그들의 결정적 패인은 하나님을 시험하고, 불신한 것이다. 결국 망했다.
믿음으로 건너면 홍해는 시냇물이다. 아니, 육지가 된다. 그러기에 무소불능, 무소부재 하나님을 믿어야 한다.

우리 교회 장로회 야외예배 때 일이다. 부부가 같이 뛰는 게임이 있었다. 박모 장로님이 부인 권사님과 함께 뛰게 되었는데, 부인은 뚱뚱하다. 그런데 예상과는 달리 리더인 남편이 제대로 뛰지 못하는 것이다. 그러자 오히려 부인 권사님이 남편을 얼른 등에 업고 뛰어들어와 승리한 것이다.

열심히 뛰라! 그러다가 부족하다 싶으면 주님께서 얼른 우리를 업고 뛸 것이다.

"두려워 말라 내가 너와 함께 함이니라 놀라지 말라 나는 네 하나님이 됨이니라 내가 너를 굳세게 하리라 참으로 너를 도와주리라 참으로 나의 의로운 오른손으로 너를 붙들리라"(사 41:10)

갈렙은 85세에도 정정했다. 그러나 나이와 환경을 초월하여 헤브론 땅을 앞장서 싸워 차지했다. 사도 요한은 90세가 넘도록 생존하며, 에베소에서 사역했다.

우리들이 땅에 살면서 모든 일이 순탄하기만 할 수는 없다. 때로는 넘어지고 좌절하고 막막한 경우를 당할 수도 있다.

그러나 우리가 절망하지 않는 것은 믿음의 선진들이 그러했듯이 그때마다 성령님의 도우심에 의지하여 다시 일어설 수 있는 믿음이 있다는 사실이다.

"너희는 이 세대를 본받지 말고 오직 마음을 새롭게 함으

로 변화를 받아 하나님의 선하시고 기뻐하시고 온전하신 뜻이 무엇인지 분별하도록 하라"(롬 12:2)

예수님은 우리에게 '편안한 삶'보다 '풍성한 삶'을 약속하셨다. "내가 온 것은 양으로 생명을 얻게 하고 더 풍성히 얻게 하려는 것이라"(요 10:10)

인간의 행복은 편안한 삶에 있지 않다. 인간의 행복은 보람에 있고, 의미 있는 삶을 추구하는 데 있다. 예수님의 일상의 삶은 불편하셨지만, 영혼을 구원하시고, 몸과 마음과 생활의 병을 고쳐주심으로 기쁨과 보람과 성취감으로 충만하셨다.

인간의 행복은 풍성한 삶에 있다. 풍성한 삶은 사명을 위해 사는 삶이다. 따라서 신앙은 안주하거나 은둔하는 것이 아니라 개척하고 전진하는 것이다.

"구하라 그러면 너희에게 주실 것이요 찾으라 그러면 찾을 것이요 문을 두드리라 그러면 너희에게 열릴 것이니 구하는 이마다 얻을 것이요 찾는 이가 찾을 것이요 두드리는 이에게 열릴 것이니라"(마 7:7-8)

주님은 믿음으로 나가는 사람들의 개인, 가정, 사업에 천국이 하늘에서 이뤄진 것처럼 이 땅에도 이루게 하신다!

"야훼께서 사람의 걸음을 정하시고 그 길을 기뻐하시나니, 저는 넘어지나 아주 엎드러지지 아니함은 야훼께서 손으로 붙드심이로다"(시 37:23-24)

4.
최고를 향한 열정

어느 해 여름에 더위가 심해 싼 에어컨을 하나 샀다. 중국제 하이얼 제품을 달았다. 그런데 형편없었다. 선풍기 바람만도 못했다. 그래서 철거했다. 국산으로 바꿨다.

이렇게 제품이 시원찮아 철거당하는 것처럼, 철거당하는 리더가 돼서는 안 된다. 철거되고, 퇴출되는 사람은 '최선'을 다하지 않아서다.

"그까이꺼 뭐… 대충 하지 뭐… 까짓 거….″ 이래선 안 된다.

내 스스로 자신을 최고의 값진 사람으로 만들어야 한다.

사람마다 가치가 있다. 똑같은 인생인데 어떤 사람은 가치 있는 사람으로 귀하게 쓰임을 받으며 살고, '어떤 사람'은 가치를 잃어버리고 천덕꾸러기가 되어 처절한 삶을 산다. 나는 어떤 사람인가? 자신을 돌이켜보아야 한다.

조용기 목사님은 어려운 시절 목회하실 때 신문지를 재활용하느라 여백에 성구와 영어 단어를 빼곡히 적어가며 외우곤 했다. 조 목사님은 신학생 시절부터 열정적이었다. 신학교에서 함께 공부하던 최자실 전도사님과 전도에 열심이었다. 서울역과 파고다 공원에서 노방전도를 하던 시절, 전도하러 가기 위해 큰북을 둘러메고 전차를 타려 하자 기관사가 못 타게 해서 서대문에서 파고다공원까지 북을 치며 걸어갔던 열정과 용기가 그에게 있었다.

그는 목회 초기를 돌이켜보면서, 대조동 일대를 북을 치고 다니면서 전도에 열심을 다했다고 고백하고 있다. 그는 무엇을 해도 열정이 있었다. 열정은 전염성이 있다는 말이 있듯이 주위 사람을 감동시킨다.

조 목사님은 다섯 명의 식구들을 앉혀놓고도 수많은 교인이 있는 것처럼 신이 나서 설교를 했다.

선교사의 통역을 하면서도 '무엇인가에 사로잡힌 듯' 부흥강사보다 더 큰 음성으로 통역을 했다. 처음 온 사람들은 누가 강사인지, 누가 통역인지 분간할 수 없을 정도로 그만큼 그는 언제나 열정적이었다.

군대 입대 후에도 교회와 가까운 곳에 배치되었을 때 주말에는 전력을 다해 목회를 계속했다. 주일에 몇 차례 설교를 하고 4월에 손이 시린 수색의 강물 속에 들어가 또 침례를 베풀었다. 조 목사님의 열정은 평생 식지 않았다.

85세 천국 가시기 전까지 영성관리를 잘하셨다. 기도생활, 말씀 준비, 국내외선교 등.

그러면 과연 우리는 어떠한가? 하루 24시간 모두 사용해도 시원치 않은데 어찌 시간을 헛되이 보내는가? 되는대로 사는가? 더 가치 있는 삶을 살아야 한다. 최고의 값진 사람으로 나를 만들어놓으면 누구나 탐내는 사람이 된다. 결코 천덕꾸러기가 되어서는 안 된다.

최고의 가치를 지닌 사람이 되기 위해 열정을 다하라! 최선을 다하라! "세월을 아끼라 때가 악하니라"(엡 5:16)

진정한 리더, 최상의 리더는 하나님을 한껏 사랑하며 원하시고 기뻐하시는 것을 이루며 사는 것이 진정한 리더이다.

야곱과 그 식구들

창 28:10-15

야곱은 아브라함과 이삭과 함께 하나님의 복을 받은 대표
적인 사람이다. 그래서 이들에게 복을 주신 하나님을 "아
브라함의 하나님, 이삭의 하나님, 야곱의 하나님"으로 부른
다. 오늘은 야곱의 생애와 그 주변 식구들의 신앙과 인간
상을 살펴보며, 함께 은혜를 나누겠다.

1.
털보와 발꿈치의 축복 투쟁

야곱은 태어날 때 쌍둥이로 나왔다. 그런데 이 두 아이는
어머니 뱃속에서부터 싸우고 있었다.

"이삭이 그 아내가 잉태하지 못하므로 그를 위하여 야훼
께 간구하매 야훼께서 그 간구를 들으셨으므로 그 아내 리
브가가 잉태하였더니 아이들이 그의 태 속에서 서로 싸우는

지라"(창 25:21-22)

　리브가가 아이를 낳자 형은 살결이 붉고 털투성이였기 때
문에 '에서(털보)'라고 이름 짓고, 동생은 형의 발꿈치를 잡고
나와서 '야곱(발꿈치)'이라고 이름 지었다. 그들은 태어날 때
부터 으르렁거렸고, 맞수였다.

　형에서는 용맹하여 들에서 사냥을 잘하나 야곱은 유순하
여 집에 있어 양을 치니 아버지 이삭은 사냥 고기를 좋아하
여 에서를 사랑하였고, 어머니 리브가는 여성적인 야곱을 편
애하였다.

　어느 날 에서가 허기진 채 들에서 돌아올 때 야곱은 팥죽
을 끓이고 있었다. 에서는 야곱에게 "그 팥죽 좀 먹자" 하였
다. 야곱은 평소 에서의 상속권을 노리고 있었던 터라 "상속
권을 팔라" 하고 나섰다. 장자는 '재산 상속과 하나님의 축
복을 받는 특권'이 있었다. 에서는 본래 그런 상속권을 대수
롭지 않게 여기는 사람이었다. 그래서 '배고픈 것이 급하지
상속권 따위가 문제냐' 하며 야곱의 제의를 받아들였다.

　후일에 에서는 이스라엘 정통에서 떨어져나가 '에돔 사람
(붉다)'의 조상이 되었다. 사실 에서가 야곱에게 속은 격인
데, 성경은 야곱의 교활함보다 에서의 경솔함과 무의식성을
비판하고 있다.

"한 그릇 식물을 위하여 장자의 명분을 판 에서와 같이 망령된 자가 있을까 두려워하라"(히 12:16)

그 후 아버지 이삭은 늙어 언제 죽을지 모르게 되자 에서를 불러 "사냥한 고기로 별미를 만들어오면 먹고 축복해주겠다"고 말했다. 이 말을 엿들은 리브가가 야곱을 에서의 모양으로 꾸며 진미를 만들어 들어가서 눈이 잘 보이지 않는 이삭을 속여 형이 받을 축복을 대신 받았다.

그런 일이 지난 다음에야 에서가 사냥길에서 돌아왔다. 뒤늦게 안 에서는 자기에게도 축복해달라고 간청했으나 때는 이미 늦은 것이다.

따라서 ① 첫째는 구원의 기회를 놓치지 말아야 한다.

"가라사대 내가 은혜 베풀 때에 너를 듣고 구원의 날에 너를 도왔다 하셨으니 보라 지금은 은혜받을 만한 때요 보라 지금은 구원의 날이로다"(고후 6:2)

② 주님을 만날 기회를 놓치지 말아야 한다(시 32:6).

③ 회개의 기회를 놓치지 말아야 한다.

④ 선행할 기회를 놓치지 말아야 한다(마 25:44-45).

⑤ 복음 전파의 기회를 놓치지 말아야 한다(행 9:15-20).

⑥ 복받을 기회를 놓치지 말아야 한다.

축복을 빼앗긴 에서는 원통해하며 야곱을 죽이기로 작정

했다. 저는 이웃집 형제간에 재산 다툼으로 동생이 삽으로 형의 다리를 내리치는 것을 보았다.

형이 부모를 모신다는 약속도 지키지 않고, 동생들보다 터무니없이 재산을 너무 많이 가져갔다는 것이다. 형수에게도 입에 못 담을 욕을 해댔는데, 결국 그 형수는 암으로 오래 못 살고 죽었다. 도리는 다하지 않고, 너무 욕심을 내면 문제가 생긴다.

야곱은 분노로 가득 찬 형으로부터 해함을 받을까 하여 리브가의 제안으로 1천 8백 리되는 하란에 있는 외가로 피하게 되었다(창 27). 야곱이 브엘세바를 떠나 하란으로 가는 도중 한 곳에 이르러 밤을 지내다가 꿈을 꾸었다(창 28:11).

하늘에 닿은 계단에 천사들이 오르락내리락하는 것을 보고 있는데, 하나님께서 나타나시더니 "땅의 모든 족속이 너와 네 자손으로 인하여 복을 얻으리라"(창 28:13-14) 하고 축복하셨다. 그는 베개 돌을 세워서 이곳을 '베델(하나님의 집)'이라고 이름 지었다.

그 후 그는 외삼촌 라반의 집에서 20년간 살면서 아내 레아, 라헬, 빌하, 실바 등 넷을 얻고, 아들 열하나(또 하나는 그 후에)와 많은 가축을 이끄는 큰 부자가 되었다.

부자가 된 것이 라반 일족과의 사이에 분쟁을 일으키게

되었고, 그는 결국 하나님의 지시에 따라 가나안으로 돌아오게 되었다.

그러나 야곱은 아직 형 에서 때문에 불안했다.

얍복 강가에서 하룻밤을 지내는데, 나타난 천사와 동이 트기 전까지 씨름하였다. 그때까지 놓지 않자 천사는 그의 환도뼈를 내리쳤다.

그래도 놓지 않자 "하나님과 겨뤄 이긴 사람이다. 야곱이라 하지 말고 이스라엘이라 하라"라며 축복해주었다.

야곱(발꿈치)에서 이스라엘(하나님이 지배하신다)로 바뀐 것이다. 하나님께 은혜받는 삶이야말로 승리의 삶인 것이다. 이 체험을 한 후 그는 능히 에서와 화해할 수 있었으며, 아브라함, 이삭에 이어 이스라엘 민족의 3대 족장이 될 수 있었다.

하나님의 축복은 '하나님과 맺은 계약'으로 인하여 주어진다는 것을 알아야 한다.

"너희가 아들인 고로 하나님이 그 아들의 영을 우리 마음 가운데 보내사 아바 아버지라 부르게 하셨느니라 그러므로 네가 이 후로는 종이 아니요 아들이니 아들이면 하나님으로 말미암아 유업을 이을 자니라"(갈 4:6-7)

그리고 야곱의 신앙은 약속된 하나님의 복을 믿는 것뿐 아니라 그것을 성취하기 위한 투쟁이기도 했다. 하나님의 약속을 앉아서 기다릴 수만은 없었다. 일어나서 행동으로 쟁취했다.

야곱은 지팡이 하나만 가지고 요단강을 건너와서 20년간 머슴살이를 하는 중에 '근면과 하나님 신앙 속'에서 축복자가 되었던 것이다.

우리 모두도 하나님의 약속을 받았으니, 그것을 얻기 위해 일어나 '구하고, 찾고, 두드려' 쟁취하시기를 축원한다.

2.
라반은 하나님의 계약과
거리가 먼 탐욕자

라반은 '흰빛'이라는 뜻이다. 그러나 그는 이름처럼 세상을 하얗게 밝히거나, 일어나 빛을 발하지는 못하였다.

라반은 하란에 살았고 욕심이 많아 재산을 모으는 데 성공했다.

(1) 라반은 너그러운 부자가 아니라 탐욕적인 사람

그는 아브라함의 혈육이긴 하지만, 하나님의 계약과는 거리가 먼 이방인 냄새를 풍기는 인물이었다. 한마디로 '존재가치'보다 '소유가치'를 더 중요시한 사람이었다.

아브라함의 종이 이삭의 신붓감을 구해오라는 심부름을 받고 약대에 보물을 싣고 밧단아람에 있는 라반의 집에 도착하자 라반은 그로부터 금은 패물과 의복을 선물로 받고, 여동생 리브가를 기꺼이 인계한다. 이것을 보아 탐욕적인 사람이란 것을 짐작할 수 있다.

(2) 라반은 진실성이 없는 사람

조카인 야곱이 형에서의 낯을 피하여 자기 집으로 도망쳐 왔을 때 7년을 일하면 둘째 딸 라헬을 아내로 주겠다고 약속했다. 그러나 그는 막상 7년이 경과하자 라헬 대신 장녀인 레아를 야곱에게 줌으로 약속을 어겼다. 14년 후 야곱이 고향으로 떠난다고 하니까 품삯을 주겠다고 약속하고서 여러번 품삯을 변경시켰다.

"내가 외삼촌의 집에 있는 이 이십 년 동안 외삼촌의 두 딸을 위하여 십사 년, 외삼촌의 양 떼를 위하여 육 년을 외

삼촌에게 봉사하였거니와 외삼촌께서 내 품삯을 열 번이나 바꾸셨으며"(창 31:41)

라반은 '짐승들 중 반점이 있는 것'을 야곱의 몫으로 주었다가 '반점 있는 새끼들'을 많이 낳으면 다시 얼룩무늬 있는 것으로 바꾸는 등의 방법으로 야곱이 20년간 품꾼으로 봉사했으나 열 번이나 야곱의 품삯을 변경했던 것이다.

그러나 야곱은 하나님의 축복을 약속받은 자였기에 가축들은 자연법칙을 초월하여 점이 있고 아름찬 것만 생산했다. 반면 라반의 가축은 생산을 못 하게 되어 그 수가 점점 줄어들기 시작했다. 한마디로 라반은 불신앙과 탐욕의 사람이요, 야곱은 계약과 은총을 받은 사람이다.

야곱의 재산이 더해감으로 라반과 그 아들들이 질투했다. 일이 이쯤 되자 야곱은 가족과 함께 한밤중에 라반의 곁을 탈출하기에 이르렀다. 라반은 자기 친척이 번성하는 것까지 용납할 수 없을 만큼 '이기적인 사람'이었다.

라반은 야곱이 도주한 것을 뒤늦게 알고 추격하였으나 하나님이 이상 중에 라반에게 나타나 경고함으로 야곱을 보호하기도 하였다.

(3) 라반은 하나님도 섬기고 우상도 함께 숭배했던 사람

수호신 드라빔을 섬겼다. 하나님은 우상숭배자를 멀리하고, 두 마음을 품은 자를 미워하신다고 했다.

신앙은 요행이나 로또 복권이 아니다. 신앙은 하나님과의 만남이요, 인격적인 교제이다. 간혹 예수님을 요술방망이로 아는 사람이 있다.

(4) 라반은 올바른 물질관을 갖지 못했다

물질에 대해 소망하는 것은 죄악이 아니다. 그러나 맹목적인 탐욕이나 물질 선용의 의지가 없을 때 '물질의 노예'가 되거나 소유된 물질이 '향락의 도구'가 될 것이다.

타이슨은 복싱으로 큰돈을 벌었지만 쾌락으로 날려버리고, 특히 강간을 두 번이나 하여 감옥에 가고, 배상금으로 돈을 다 날려버려 알거지가 되었다. 반면에 같은 복서인 조지 포먼은 신앙인으로 건실하게 살고, 청소년 선교에 앞장서면서 번 돈을 헌금하고, 훌륭한 목사가 되었다.

이러므로 우리는 물질의 '실상'과 '허상'을 바로 알고, 바울처럼 있는 것으로 족한 줄로 알아야 한다.

생사화복은 오직 '하나님의 손'에 달려 있다. 우리에게 있어야 할 것이 무엇인지 아시기 때문에 필요에 따라 공급해 주신다. 마치 탐욕의 라반의 것을 빼앗아 믿음의 야곱에게 주신 것처럼 좋은 것을 주실 것이다.

3.
라헬은 아름다우나
후덕하지 못한 여인

라헬은 언니 레아에 이어 근동 지방의 풍속에 따라 근친결혼으로 야곱의 둘째 아내가 된 것이다.

라헬은 '암양'이라는 뜻이다. 라헬이 야곱을 처음 만난 것은 소녀 시절 어느 날 메소포타미아 하란 광야에서 아버지의 양 떼를 먹이고 있을 때이다. 집에서 도망나온 야곱을 만나고, 그녀의 인도를 따라가 외삼촌 집에 머무르게 되었다.

야곱은 라헬의 아리따움에 한눈에 반해 사랑하게 되었다. 상사병에 걸렸는지 모른다. 성경에 상사병에 걸리면 포도와 사과가 약이라고 한다.

"너희는 건포도로 내 힘을 돕고 사과로 나를 시원케 하라 내가 사랑하므로 병이 나음이니라"(아 2:5)

야곱이 둘째 아내로 맞이한 라헬은 다음과 같은 사람이었다.

(1) 족장의 아내로서 부족한 점이 많았다

라헬은 우아한 여인이었지만 족장의 아내로서 부족한 점이 많았다. 특히 시할머니인 아브라함의 부인 사라가 하갈을 통해 불신앙적 수단을 자행한 것같이 그렇게 똑같이 했다.

라헬은 아이를 못 낳고 있는 자신에 비해 레아는 계속해 루우벤, 시므온, 레위, 유다를 출산하자 시기하여, 자신의 여종 빌하의 방에 남편을 들여보내어 아들을 낳도록 한 것이다(창 30:3). 빌하를 통해 얻은 아들이 단, 납달리이며, 이들은 훗날 레아의 시녀 실바가 낳은 아들 갓, 아셀과 함께 북이스라엘의 조상이 되었다.

오랜 세월이 지나서 라헬은 '꿈의 사람 요셉'을 낳고, 또 막내아들 베냐민의 어머니가 된 것이다.

여기에서 인간적 생각의 잉태와 신앙적 잉태의 차이점이 무엇인가를 분명히 알 수 있으며, 하나님께선 신중하게 '구원의 역사'를 풀어가신다는 것을 알 수 있다.

(2) 아버지의 우상 드라빔을 훔쳤다

　　라헬은 야곱을 따라 친정집을 떠날 때 아버지의 우상 드라빔을 훔쳤다(창 31:19). 욕심 많은 라헬이 아버지를 속이고, 자기 몸에 숨겨 가지고 나온 것이다. 이러한 태도에서 '간교한 모습'을 보게 된다. 라헬은 명랑하고 사교적이었지만, 이기적이고, 감정표현을 거침없이 할 만큼 대담한 여자였다. 그런 면에서 야곱이 라헬에게 매우 시달리고 다투기도 많이 하였다. 또한 남편을 독점하면서도 레아의 마음을 매우 속상하게 만든 여자였다.

　　어느 날 레아의 아들 르우벤이 어머니를 위해 들판에서 합환채를 구해다주었다. 합환채는 아기를 갖는 데 도움이 되는 약초였다. 한마디로 '여자가 먹는 비아그라'다.

　　르우벤이 작은어머니 라헬이 아버지를 지나치게 독점하여, 자신의 어머니 레아가 독수공방을 하자 안타까운 마음으로 구해다준 것이다. 그것을 안 라헬이 그것을 좀 달라고 했다. 레아는 라헬에게 합환채(뇌물)를 주고 남편을 사기로 했다.

　　"저물 때에 야곱이 들에서 돌아오매 레아가 나와서 그를 영접하며 이르되 내게로 들어오라 내가 내 아들의 합환채로 당신을 샀노라 그 밤에 야곱이 그와 동침하였더라"(창 30:14-16)

남편을 돈 주고 산 셈이다. 얼마나 라헬이 야곱을 독점하고 있었는가를 말해준다. 라헬은 미모와 많은 자질을 갖추었지만 후덕하지 못했다. 외모의 아름다움도 중요하지만 내면의 아름다움이 더 중요한 것이다.

(3) 라헬은 '혼합주의 신앙인'이었다

하나님과 동시에 우상을 섬기는 일은 두 주인을 섬기는 일이다. 이것이 화근이 되어 훗날 라헬의 후손들이 망하고, 북방 민족의 포로가 되었을 때 그녀는 애곡하는 어머니의 표상이 되었다.

라헬은 가나안으로 여행하는 도중에 여브랏 부근에서 베냐민을 낳고, 난산 끝에 죽어서 그곳에 장사되었다.

4.
레아는 남편보다 하나님에게
더 사랑받은 여인

레아의 결혼생활은 야곱이 원하던 바가 아니었기 때문에 행복하지 않았다. 그것은 자업자득이다. 왜냐하면 아버지와 결탁하여 야곱을 속이고, 동생 대신 자기가 들어가 첫날 밤을 치렀기 때문이다.

레아가 불행한 결혼생활을 한 것을 볼 때, 진실이 결여된 속임수의 책략에 의하여 성립된 인간관계는 항상 불행을 초래할 수밖에 없다는 사실을 말해주는 것이다.

그럼에도 불구하고 하나님은 레아를 돌보셨다. 남편 사랑을 받지 못하는 레아를 불쌍히 여기시고, 돌보심의 손길을 펴셨다. 이것은 장차 오실 고난의 종 메시아는 죄인의 구원을 위하여 죄인의 혈통을 통해서 오시며, 버림받은 자의 구원을 위하여 버림받은 자의 태를 택하셨다는 사실을 말해주는 것이다.

즉, 인간 야곱은 라헬을 더 사랑하였으나 하나님께선 레아의 태를 먼저 여심으로 하나님의 계획과 섭리를 실현하셨다는 말이다.

하나님께서는 레아가 자녀 6남 1녀를 낳은 것에 그치지 않고, 그 자녀들을 축복해주셨다. 특히 셋째 아들이 바로 레위이다. 레위는 이스라엘이 출애굽할 때 인도한 지도자 모세와 아론의 조상이다. 그 후 레위 자손들은 하나님을 섬기는 제사장 직분을 받아 모든 이스라엘 사람들의 존경을 받는 지파가 되었다.

그리고 레아의 자녀 중 유다가 있는데, 유다는 야곱의 축복대로 이스라엘 12지파 가운데 가장 큰 지파가 되었으며, 이스라엘 왕족이 되어 통치하였다. 남북왕조로 분열된 후에는 남왕조 유다를 다스렸다.

그러나 이보다 더 큰 축복은 유다 지파를 통하여 예수 그리스도가 탄생하신 것이다. 라헬과 레아 중의 진정한 승리자는 레아였다. 라헬이 애정과 미모와 현세적인 축복을 받았다면 레아는 좋은 품성과 덕스러움과 영적인 축복을 받은 사람이었다.

그녀는 자기 현실을 빨리 파악했고, 잘 적응한 여인이었다. 레아는 우리에게 '삶의 어려움'이 다가오면 '포기나 도피'가 아니라 환경에 적응할 수 있는 '적응력'을 길러야 한다는 사실을 보여주고 있다.

남편이 라헬을 더 사랑하고 자기는 등한시하였어도 약간의 질투심을 가질 뿐 라헬과 맞서 '감정의 대립'을 갖거나 적대시하지 않았다. 심성도 착했고, 인내심도 많았으며, 남을 섬길 줄도 아는 많은 장점을 가지고 있었다.

중국의 장공예 씨는 한 집에 4대가 동거했다. 어떤 날 친구가 찾아와서 4대가 동거하는 비결을 물었다. 그때 장 공예는 친구의 손목을 잡고 자기 집의 광으로 들어가서 항아리 뚜껑을 열어 보이며, "여기에 비결이 있노라"라고 하였다.

항아리 속에는 참을 인(忍)자 종잇조각이 가득 쌓여 있었다. "어느 가정인들 불평불만이 없겠느냐마는, 우리 가정에는 마음이 상할 때마다 참을 인(忍)자를 써서 항아리에 넣고 참았다"라는 것이다.

가정에서 해보라! 바구니에 "여보! 나 참고 있는 거야, 나 건드리지 말아!"라고 적어 넣어두라.

"너희에게 인내가 필요함은 너희가 하나님의 뜻을 행한 후에 약속을 받기 위함이라"(히 10:36)

인내하는 자가 복이 있다. 레아는 인내하며 남편을 잘 섬기고, 사랑받으며 자녀들을 잘 양육하였다. 레아는 남편 앞에서 세상을 떠났다. 남편 야곱이 요셉을 따라 애굽으로 내려가기 전 헤브론에 있는 막벨라 밭에 묻혔다.

야곱이나 에서, 그리고 라반과 라헬과 레아의 생애를 살펴보면서, 세속적인 욕심이나 세속적인 축복보다 영적인 축복을 받는 것이 중요함을 깨닫게 된다.

행복은 성적순이 아니다. 먼저 하나님과의 관계이고, 둘째는 인간관계순이다. 행복하게 살고 싶다면 이것을 점검하라!

이러므로 하나님 관리, 인간 관리 잘하여 야곱처럼 얍복 강가에서 천사를 만나 씨름하여 이김으로 하나님의 복을 받은 것처럼, 영적 축복을 받아 지팡이 하나 들고 집을 떠났으나 큰 거부가 된 것처럼, 영육간의 부자가 되고 승리의 삶을 살게 되시기를 축원한다.